Pour toi, Maman

Sommaire

Préface

L'heure étant à la bonne chère, afin de profiter pleinement de nos soirées, le rythme frénétique du quotidien nous impose aujourd'hui un minimum d'organisation et une cuisine facile, préparée la veille.

Dominique Combet, le chef d'orchestre de la mise en bouche réussie l'a compris. C'est pour cela qu'elle a voulu entraîner dans cette aventure deux amies fidèles : Marie Quatrehomme, Meilleur Ouvrier de France 2000, classe fromagerie et moi-même, journaliste.

Complices depuis des années jusque dans l'assiette, nous nous sommes inventé des soirées culinaires où chacune préparait des menus. Faire une cuisine détente nous permettant enfin d'être à table avec nos amis et éviter ainsi d'être un « passe-plat » : tel était le défi de ce projet.

Que vous choisissiez le déjeuner, le dîner en famille ou avec des amis, ou encore le buffet de vingt personnes, deux cent soixante menus sans soucis vous attendent, aussi simples qu'inventifs.

Terminé le rush de dernière minute. Adieu au Waterloo de l'évier. Exit la Bérézina des casseroles brûlées et de la soupe à la grimace de vos invités. En préparant vos dîners la veille, le « zen » sera votre crème de légumes, le sourire, votre sel d'entrée en matière.

Ce livre vous accompagnera jusqu'à votre heure de gloire !

Christine Moreau-Ducatillon

Amuse-bouche et réceptions

Amuse-bouche

Place aux saumons, poivrons et gougères…
Les entrées, les buffets et les dîners prennent le large.
Un apéro copieux. Le tour est joué, l'entrée est zappée !
Un buffet coloré, panaché, vos amis seront enchantés.
Et ce soir pas de table.
Haro, les assiettes de grand-mère. Installez-vous.
C'est si bon de dîner vautré dans un fauteuil.

Préparez les amuse-bouche environ 1 h avant l'arrivée de vos invités.

Les canapés

La veille : je concocte. Le jour J : je tartine. Ronds, carrés, triangulaire, ovales, en forme de sapin ou de lapin ! Vous trouverez toutes formes d'emporte-pièce.

Rillettes aux deux saumons

La veille : je prépare les rillettes, 32.
Le jour J : je tartine.

Confit d'aubergines

La veille : je prépare le confit d'aubergine, 98.
Le jour J : je tartine.

Marinade de poivrons aux anchois

La veille : je prépare la marinade de poivrons aux anchois, 106.
Le jour J : je pose.

Beurre de roquefort aux noix

La veille : je mélange à la fourchette 100 g de roquefort et 25 g de beurre.
J'ajoute 8 cerneaux de noix grossièrement hachés.
Le jour J : je tartine.

Canapés sur pommes de terre

Le jour J : je tartine.
Je choisis des pommes de terre à chair ferme. Je les fais cuire à la vapeur sans les peler, avant de les laisser refroidir. Je coupe des rondelles ni trop épaisses ni trop fines pour qu'elles aient un peu de tenue. Tarama, saumon fumé, œufs de saumon, œufs de lump, rillettes aux 2 saumons (p. 32), harengs marinés, etc. J'assaisonne d'un filet de citron. Je donne la touche finale suivant la couleur du canapé avec une virgule de ciboulette, un éclat d'olive noire ou de tomate.

Feuilles d'endives, poires et roquefort

La veille : je cisèle 10 brins de ciboulette et je les réserve dans un film alimentaire. Je mélange grossièrement 100 g de roquefort et 4 cuil. à soupe de crème fraîche épaisse. Je pèle 1 poire, je la coupe en petits cubes et je les ajoute délicatement au roquefort. Je réserve au réfrigérateur.

Le jour J : j'effeuille 1 endive et choisis les feuilles les plus petites. Je pose la valeur d'une bouchée sur chacune d'entre elles. Je répartis la ciboulette et j'installe confortablement une olive niçoise.

Feuilles d'endives, tomates et saumon

La veille : je découpe 200 g de saumon sans la peau en tout petits cubes. Je le fais sauter quelques secondes dans une poêle antiadhésive, à feu vif avec 2 cuil. à soupe d'huile d'olive. Je réserve au réfrigérateur.

Le jour J : je mélange au saumon 8 cuil. à soupe de crème fraîche épaisse. J'ajoute 10 tomates cerises concassées, 1 pincée ou 2 de paprika, du sel et du poivre. Je goûte, je rectifie l'assaisonnement si nécessaire. J'effeuille 1 endive. Je pose la valeur d'une bouchée du mélange sur les plus petites d'entre elles.

Les piques

Le jour J : je pique sur des piques en bois (ou cure-dents) !

- Tomate cerise / feuille de basilic / cube de mozzarella
- Tomate cerise / cube de feta
- Radis / lamelle de fromage de chèvre
- Tous fromages tenant à la coupe
- Tous légumes nouveaux
- Jambon de Parme / cube de melon
- Piques de poulet tikka, p. 87

Les petits gressins

Le jour J : je coupe, j'entoure !

Chez votre charcutier préféré, choisissez jambon de pays, de Bayonne, de Parme, Serano… Jambon blanc aux fines herbes…Tout ce qui peut s'entourer à la pointe d'un gressin. Les tranches doivent être d'une finesse extrême. Un brin de ciboulette pour les lier et c'est terminé !

Il y a aussi

Les petites gougères du dimanche soir

La veille, l'avant-veille : je prépare les gougères, p. 176.

Le jour J : je les sors du congélateur et les passe au four juste avant de servir.

Tarte à la courgette et au comté, p. 138

Tarte à la courgette et au chèvre, p. 139

Tarte à la ratatouille, p. 128

Tarte aux poireaux et aux lardons, p. 140

Préparez les tartes et découpez-les en carrés, lunes et losanges.

Pensez simplement à adapter les proportions de ces recettes au nombre d'invités.

Réceptions

Sur l'herbe, dans votre salle à manger,
ou sur le coin d'un balcon, tout le monde raffole de ces buffets.
Les éclats de rire, les yeux qui brillent…
Les couleurs, les saveurs.
Une goutte d'imagination.
Une jolie présentation, quelle satisfaction.
À chaque moment sa tendance, légèrement irisée,
imperceptiblement nageuse, furieusement ensoleillée,
les buffets suivent les saisons.
Un peu d'anticipation, un soupçon d'organisation,
et la fête peut commencer.

Un buffet de printemps-été pour 15 personnes

Amuse-bouche	Entrées	Plats	Fromages • Desserts
• 15 piques de tomate-cerise/feuille de basilic/cube de mozzarella 16 • 15 piques de comté fruité • 15 piques de cantal jeune • 15 canapés de tarama sur pommes de terre 15	• Fines lamelles de saumon sauvage à l'aneth 38 • Tartelettes à la courgette et au chèvre 139 • Mini-brochettes de poulet tikka 86	• Flan du pêcheur 30 et sa mayonnaise 245 • Rôti de bœuf à la poêle froid 72 *(15 tranches)* • Confit d'aubergine 98 *(le servir froid accompagné de toasts de pain de campagne)* • Terrine de courgettes à la menthe fraîche 101 • Salade verte	• Fromages de printemps 148 • Fromages d'été 151 ❧ • Fruits rouges du jardin de mes voisins 183 *(doubler les proportions)* • Quatre-quarts au zeste de citron 234 • Le gâteau au chocolat de ma voisine préférée 216

Un buffet de printemps-été pour 30 personnes

Amuse-bouche	Entrées	Plats	Fromages • Desserts
• 15 canapés au beurre de roquefort aux noix 14 • 15 bâtonnets de cantal « jeune » • 15 piques de jambon de Parme / cube de melon • 15 canapés de harengs marinés sur pomme de terre 15 • 500 g de tomates-cerises	• Ma tapenade 100 *(la servir accompagnée de toasts de pain de campagne)* • Terrine de courgettes à la menthe fraîche 101 • Marinade de poivrons aux anchois 106 • Tartelettes à la courgette et au comté 139 *(doubler les proportions)*	• Rôti de veau froid *(30 tranches)* • Assortiment de moutardes et de mayonnaises • Confiture d'oignons aux raisins de Corinthe et à la gelée de groseille 96 • Salade verte • Ma ratatouille 126 *(doubler les proportions, la servir froide)* • Filets de sardines au citron vert et au basilic 36 *(doubler les proportions)*	• Fromages de printemps 148 • Fromages d'été 151 ❧ • Pêches et abricots aux épices 194 *(doubler les proportions)* • Croustillants aux amandes 222 • Tiramisù des copains 204 • 20 petits soufflés glacés au chocolat 208 • Glaces (2 litres)

Un buffet d'automne-hiver pour 15 personnes

Amuse-bouche	Entrées	Plats	Fromages • Desserts
• 15 canapés de pain de seigle au beurre de roquefort aux noix 14 • 15 piques de beaufort • 15 canapés d'œufs de lump sur pommes de terre 15 • Feuilles d'endives poires et roquefort 15	• Fines lamelles de saumon sauvage à l'aneth 38 • Tartelettes à la courgette et au chèvre 139	• Terrine de Saint-Jacques 44 *(la servir froide accompagnée d'une mayonnaise citronnée)* • Thon froid au poivron rouge, tomate et piment d'Espelette 57 *(doubler les proportions)* • 1 rôti de bœuf à la poêle froid 72 *(servi froid)* • Salade verte	• Fromages d'automne 154 • Fromages d'hiver 157 ❧ • 15 petits pots de crème safranée au miel 200 • Tarte sablée tout chocolat 219 • Gâteau à l'orange 232 • Fruits de saison

Un buffet d'automne-hiver pour 30 personnes

Amuse-bouche	Entrées	Plats	Fromages • Desserts
• 30 petites gougères 176 • Feuilles d'endives tomates et saumon 15 *(doubler les proportions)* • 30 piques de tomme d'Abondance • 30 piques de tomme de Savoie	• Rillettes aux 2 saumons 32 *(les servir accompagnées de toasts de pain de campagne)* • Tarte aux poireaux et aux lardons 140 *(doubler les proportions)* • Tartelettes à la ratatouille 128 *(doubler les proportions)*	• Flan du pêcheur 30 *(le servir froid avec une mayonnaise citronnée)* • 1 rôti de veau froid *(15 tranches)* • 10 tranches de jambon blanc • 10 tranches de jambon cru • 20 tranches de saucisson sec • Confiture d'oignons aux raisins de Corinthe et à la gelée de groseille 96 • Cornichons • Salade verte	• Fromages d'automne 154 • Fromages d'hiver 157 ❧ • Infusion de fruits secs au thé Earl Grey et à la cannelle 192 *(doubler les proportions, pas plus)* • Cake aux épices 236 • Petits soufflés glacés au chocolat 208 *(doubler les proportions)* • Crème anglaise 198 *(doubler les proportions)* • Financiers 228

Le buffet des gourmandises pour 12 gourmands

Gâteaux	Mignardises	Entremets	Douceurs fruitées
• Tarte sablée tout chocolat 219 • Gâteau aux marrons et au chocolat 230	• Croustillants aux amandes 222 • Financiers 228	• Crème anglaise à la pistache 199 *(doubler les proportions)* • Petits soufflés glacés au chocolat 208 *(doubler les proportions)*	• Coupe de fruits exotiques 180 *(doubler les proportions)* • Infusion de fruits secs au thé Earl Grey et à la cannelle 192

Les entrées froides

Retrouvez ces recettes aux chapitres concernés.

Les entrées chaudes

Retrouvez ces recettes aux chapitres concernés.

Poissons et fruits de mer

Salade tiède de calmars
sur lit de mâche

Une pincée d'impertinence dans cette salade marine…
On trouve parfois sur les marchés des tomates cerises jaunes.
Rouges, jaunes, n'hésitez pas,
amusez-vous avec les couleurs.

Pour 4 personnes

La veille

Préparation : 10 min

Le jour J

Préparation : 15 min

Cuisson : 10 min

INGRÉDIENTS

4 petits calmars
100 g de salade mâche
16 tomates cerises
1 gousse d'ail
20 petites olives noires de Nice
8 cuil. à soupe d'huile d'olive
4 cuil. à soupe de vinaigre balsamique
Sel, poivre du moulin

La veille

- Préparez les calmars : tout d'abord décapitez-les… Un coup de couteau au-dessus de la tête, un autre en dessous ! Jetez la tête mais surtout pas les tentacules.
- Ouvrez les calmars. Rincez-les sous l'eau froide en prenant soin de bien enlever le cartilage et la membrane qui le recouvre.
- Épongez-les sur du papier absorbant. Réservez-les sous un film alimentaire au réfrigérateur.

Le jour J

- Lavez la mâche et les tomates cerises. Essorez la salade. Partagez les tomates en deux.
- Préparez la vinaigrette : versez dans un bol 2 cuil. à soupe de vinaigre balsamique, 1 pincée de sel, un tour de moulin à poivre, mélangez et ajoutez progressivement 6 cuil. à soupe d'huile d'olive tout en remuant.
- Coupez les calmars en lamelles de 1 cm de large.
- Faites chauffer dans une sauteuse 2 cuil. à soupe d'huile d'olive. Quand l'huile est chaude, versez les calmars ainsi

que la gousse d'ail hachée. Remuez avec une cuillère en bois et couvrez.

◗ Vérifiez la cuisson (10 min environ), celle-ci est terminée quand les calmars ont rendu toute leur eau, et que cette dernière s'est presque totalement évaporée. Poussez les calmars sur le côté de la sauteuse.

◗ Déglacez le fond de la sauteuse avec 2 cuil. à soupe de vinaigre balsamique. Il est important de bien racler le fond de la sauteuse pour décoller tous les sucs de cuisson. L'idéal est d'utiliser une spatule en bois.

◗ Mélangez l'ensemble, sans oublier de saler et de poivrer. Éteignez le feu.

◗ Préparez 4 petites assiettes. Déposez au centre de chaque assiette, la mâche, les demi-tomates cerises et 5 olives.

◗ Versez 2 cuil. à soupe de vinaigrette dans chacune des assiettes.

◗ Ajoutez pour terminer les calmars encore chauds.

◗ Servez sans attendre.

Au menu	Entrée	Plat	Dessert
Menu d'été	Salade tiède de calmars sur lit de mâche	Gratin de petits légumes du soleil 130	Crème caramel 202
Menu minceur	Salade tiède de calmars sur lit de mâche	Poêlée de tomates au thym 132	Fruits frais de saison
Menu de la mer	Salade tiède de calmars sur lit de mâche	Fines lamelles de saumon sauvage à l'aneth 38 Rattes cuites à la vapeur	Crème anglaise à la vanille 198 Petits sablés à l'anis 227

Les 10 petits calmars

Ne vous étonnez pas si, à l'heure du dîner familial,
votre belle-mère vous regarde d'un air interrogateur.
Mais, comment a-t-elle fait ?
Les miens sont immanquablement caoutchouteux !

Pour 4 personnes

La veille
Préparation : 30 min

Le jour J
Cuisson : 10 min

INGRÉDIENTS

- 10 calmars préparés par le poissonnier
- 1 gousse d'ail
- 5 brins de persil plat
- 4 cuil. à soupe d'huile d'olive
- 3 cuil. à soupe de vinaigre de vin
- Sel, poivre du moulin

La veille

Les calmars

Une chaise, une table, une planche à découper, un bon couteau, et au moins 3 louches de patience s'imposent !

- Terminez le travail du poissonnier en ouvrant les calmars et en enlevant les fines membranes.
- Lavez les calmars à grande eau. Cela ne veut pas dire de les laisser tremper dans une bassine ! Épongez-les sur du papier absorbant. Coupez-les en lanières de 1 cm de large.
- Hachez finement la gousse d'ail et les feuilles du persil.
- Réservez les calmars et la persillade au réfrigérateur, à l'abri de l'air.

Le jour J *le plus tard possible*

- Dans une sauteuse, faites chauffer l'huile d'olive. Quand elle est chaude, ajoutez-y les calmars. Remuez avec une cuillère en bois et couvrez. Si vous avez un couvercle transparent, utilisez-le. Il vous permettra de surveiller la cuisson. Vérifiez la cuisson (10 min environ). Celle-ci est terminée quand les calmars ont rendu toute leur eau, et que cette dernière est réduite. Les calmars prennent une couleur rosée. Je vous rassure...cela reste très discret! Ajoutez la persillade, remuez.

◗ Poussez les calmars sur le pourtour de la poêle, de manière à libérer le centre.

◗ Déglacez le fond de la sauteuse avec le vinaigre de vin. Pour cela, utilisez une spatule en bois. Elle vous permet de détacher les sucs collés au fond de la sauteuse. Mélangez l'ensemble. Salez modérément, poivrez.

◗ Rectifiez l'assaisonnement si nécessaire. Servez sans attendre.

Suggestion d'accompagnement

◗ Riz nature. Sauf si vous préparez les calmars en entrée.

La chose à ne pas faire !

Il m'est impossible de terminer la recette sans vous dire pourquoi ceux de votre belle-mère sont... À mon avis, elle doit les préparer et les réchauffer. Et là, à cet instant précis, ils se transforment en morceaux de caoutchouc !

Il ne vous reste plus qu'à bien calculer votre temps, pour les faire sauter au dernier moment... Ils en valent la peine.

Au menu	Entrée	Plat	Dessert
Menu d'été	Petits légumes du soleil 129	Les 10 petits calmars Riz blanc	Coupe de fruits printemps-été 181
Menu minceur	Les 10 petits calmars	Thon au poivron rouge, tomate et piment d'Espelette 56	Framboises nature
Menu de printemps	Les 10 petits calmars	Sauté de veau aux 2 poivrons 92	Crumble « too much » 196
Menu de la mer	Fines lamelles de saumon sauvage à l'aneth 38	Les 10 petits calmars Riz blanc	Glace à la vanille / chantilly / cerises Amarena Petits sablés à l'amande amère 227

Le flan du pêcheur

Ne pas savoir cuisiner
n'est pas une fatalité. Choisissez de bons produits,
votre succès est assuré.

Pour 10 personnes

La veille

PRÉPARATION : 15 min

CUISSON : 55 min

Le jour J

Je démoule, je décore !

INGRÉDIENTS

500 g de filets de cabillaud

1 kg de tomates

7 échalotes

1 brin de basilic

8 œufs entiers

2 cuil.à café de Tabasco

2 cuil. à soupe d'huile d'olive

Sel, poivre du moulin

La veille

- Préchauffez le four à 180 °C (th. 6).
- Lavez, pelez, épépinez et coupez les tomates en gros cubes. Le couteau-économe les déshabillera à la perfection. Vous pouvez aussi les plonger 20 s dans de l'eau bouillante avant de les peler.
- Pelez les échalotes, hachez-les finement.
- Versez l'huile d'olive dans une cocotte. Faites revenir les échalotes le plus tranquillement du monde. Attention, elles ne doivent pas prendre couleur. Décalez les échalotes au bord de la cocotte.
- Coupez les filets de poisson en gros morceaux et faites-les revenir quelques instants, de toutes parts, à côté des échalotes.
- Mélangez le tout et ajoutez les tomates. Laissez cuire 10 min à feu vif. N'ayez pas la mauvaise idée de fermer la cocotte. Pensez à remuer.
- Ciselez les feuilles de basilic pour en obtenir 2 cuil. à soupe. Ajoutez-le seulement en fin de cuisson. Mixez la préparation.
- Battez les œufs en omelette. Mélangez-les à l'appareil tout en continuant à fouetter.

- Salez, poivrez. Assaisonnez avec le Tabasco selon votre goût. Attention c'est épicé !
- Versez l'appareil dans un moule à cake préalablement beurré.
- Posez le moule dans un plat rempli d'eau (bain-marie). Enfournez pour environ 40 min.
- Vérifiez la cuisson en enfonçant la pointe d'un couteau fin.
- Laissez refroidir. Réservez au réfrigérateur.

Le jour J

- Démoulez et servez avec quelques câpres et de la mayonnaise.

Vous avez deux minutes ? Très bien... Il me semble que 3 ou 4 tomates cerises et 2 feuilles de mâche apporteraient une touche colorée indispensable.

Variantes

Vous pouvez remplacer le cabillaud par du lieu, du colin ou un autre poisson à chair blanche. Pour une recette raffinée, utilisez 300 g de cabillaud et 200 g de queue de lotte, que vous placerez au centre du moule, dans la longueur, pour que chacun puisse en avoir un peu.

Au menu	Entrée	Plat	Dessert
Menu d'été	Le flan du pêcheur	Carré d'agneau aux herbes de l'été 64	Coupe de fruits printemps-été 181
Menu de copains	Marinade de poivrons aux anchois 106	Le flan du pêcheur	Pêches et abricots aux épices 194
Menu du dimanche soir	Ratatouille froide 126	Le flan du pêcheur	Vacherin express 211

Rillettes aux 2 saumons

Du pain, du vin et… nos rillettes.
Osons le dire : « Ce sont les meilleures ! »

Pour 6 personnes

La veille

Préparation : 20 min

Cuisson : 1 min

Le jour J

Quelques secondes !

INGRÉDIENTS

200 g de filet de saumon sans la peau

200 g de saumon fumé

2 citrons

Quelques tranches de pain de campagne

150 g de beurre à température ambiante

2 cuil. à soupe d'huile d'olive

2 cuil. à soupe de vin blanc sec

Sel, poivre du moulin

Idée !

Ouvrir une bouteille de vin pour n'en utiliser que 2 cuil. à soupe est agaçant. Mais

La veille

- Sortez le beurre du réfrigérateur 20 min avant son utilisation. Si vous oubliez, utilisez le micro-ondes avec moult précautions : le beurre doit être mou et non fondu. Le beurre fondu rendrait les rillettes grasses et le résultat serait médiocre.
- Réduisez le beurre en pommade à l'aide d'une fourchette.
- Découpez le saumon frais en tout petits cubes. Faites-les sauter quelques secondes, dans une poêle antiadhésive, à feu vif, avec l'huile d'olive. J'ai bien dit « quelques secondes ». Le saumon trop cuit est sec. Ajoutez le vin blanc. Faites cuire 1 min en remuant.
- Laissez refroidir dans un saladier. Si vous réservez le saumon dans la poêle, il continuera de cuire.
- Découpez le saumon fumé en tout petits morceaux.
- Mélangez les deux saumons dans le saladier. N'oubliez pas : le saumon doit être froid, surtout au moment où vous incorporerez le beurre. En aucun cas le beurre ne doit fondre.
- Écrasez les deux saumons à la fourchette le plus finement possible. Incorporez peu à peu le beurre mou.
- Assaisonnez avec le jus de 1 citron, du sel et du poivre. Utilisez le sel avec parcimonie, le saumon fumé étant déjà salé.

vous pouvez déjà le goûter et mettre la bouteille au frais en attendant de l'offrir à vos invités pour l'apéro.

◗ Réservez dans une terrine et mettez au réfrigérateur jusqu'au lendemain.

Le jour J

◗ Servez, accompagné de pain grillé finement tranché et de quartiers de citron.

Bon à savoir

Si vous souhaitez réaliser les rillettes le jour même, il faut compter au minimum 3 h de réfrigération.

Au menu	Entrée	Plat	Dessert
Menu d'hiver	Rillettes aux 2 saumons	Jarret de porc Shantung 78	Tarte sablée tout chocolat 219
Menu enfants	Rillettes aux 2 saumons	Brouillade d'œufs à la ratatouille et au jambon de pays 128	Crumble « too much » 196
Menu de copains	Rillettes aux 2 saumons	Mon gratin dauphinois 122	Le gâteau au chocolat de ma voisine préférée 216
Menu de la mer	Rillettes aux 2 saumons	Bar de ligne en croûte de sel 46	Fraises au gingembre confit 186 Petits sablés au gingembre 227
Menu tout froid	Rillettes aux 2 saumons	Rôti de porc froid Petits légumes du soleil 129	Coupe de fruits printemps-été 181 Croustillants aux amandes 222

Cocktail de crabe, pamplemousse et avocat

Pincez-vous ! Vous ne rêvez pas…
Vous êtes sous les tropiques.

Pour 6 personnes

Le jour J

PRÉPARATION : 10 min

INGRÉDIENTS

150 g de crabe (en conserve)

3 avocats

2 pamplemousses roses

1 citron (jus)

6 cuil. à soupe de mayonnaise (p. 245)

Sel, poivre du moulin

Le jour J

Les pamplemousses

- Pelez les pamplemousses à vif : pour cela, commencez par enlever le zeste et le zist (partie blanche de la peau) de chaque pamplemousse. Placez maintenant le fruit dans le creux de votre main. Vous voyez le dessin des quartiers du pamplemousse. Il ne vous reste plus qu'à prélever chacun d'entre eux, en glissant délicatement la lame du couteau entre la pulpe et la membrane de chaque quartier.
- Réservez les quartiers dans une passoire.

Les avocats

- Coupez les avocats en deux dans la longueur avant de les peler et de les débarrasser de leurs noyaux. Découpez-les en lamelles dans la longueur et, sans attendre, citronnez-les pour éviter qu'elles noircissent.

Le crabe

- Ouvrez la boîte !

Il est tout à fait possible d'utiliser de la « vraie » chair de crabe. Il vous faut simplement au moins 3 mesures de patience pour la préparer… Mais elle n'en sera que récompensée !

C'est fini ou presque !

◗ Présentez pamplemousses, avocats et crabe dans 6 coupelles.

◗ Répartissez la mayonnaise.

◗ Mélangez maintenant avec une infinie délicatesse tous ces ingrédients. Il ne faut surtout pas écraser la pulpe du pamplemousse. Le jus du pamplemousse ne doit en aucun cas diluer la mayonnaise ! Salez, poivrez.

◗ Servez sans trop attendre.

Bon à savoir

Pour la mayonnaise de cette recette, remplacez le vinaigre par du jus de citron.

Variante

* **Cocktail de crevettes, pamplemousse et avocat.** Remplacez le crabe par 150 g de crevettes roses décortiquées.

Au menu	Entrée	Plat	Dessert
Menu d'hiver	Cocktail de crabe, pamplemousse et avocat	Poule sauce suprême 84	Crumble « too much » 196
Menu en duo	Cocktail de crabe, pamplemousse et avocat	Magrets de canard au miel d'acacia 74	Petits soufflés glacés au chocolat 208
Menu de la mer	Cocktail de crabe, pamplemousse et avocat	Papillotes de saumon, fèves et petits lardons à la ciboulette 40	Petites îles flottantes 206
Menu froid	Cocktail de crabe, pamplemousse et avocat	Rôti de bœuf à la poêle 72 (servir froid) Salade verte	Le tiramisù des copains 204

Filets de sardine au citron vert
et au basilic

Crue la sardine… Mettez-vous au vert !
Fraîcheur maritime pour une jolie sardine
qui ensoleillera son entrée !

Pour 6 personnes

La veille

Préparation : 5 min

Marinade : 1 nuit

Le jour J

0 min !

INGRÉDIENTS

1 kg de sardines

2 beaux citrons verts (jus)

10 feuilles de basilic

1 beau brin de persil plat

1 petit verre d'huile d'olive

Sel et poivre du moulin

La veille

- Demandez à votre poissonnier de lever les filets de 1 kg de sardines. *Sans la peau, s'il vous plaît… Merci !*
- Dans un bol, pressez les citrons verts. Ajoutez l'huile d'olive au jus des citrons, salez et poivrez.
- Ciselez finement le basilic et le persil. Les proportions indiquées dans la liste des ingrédients sont données à titre indicatif. Faites-vous confiance pour le bon dosage. Mélangez-les à l'huile et au citron.
- Déposez les filets dans le plat de service et répartissez la sauce, dessus, dessous… Elle doit être partout.
- Recouvrez d'un film alimentaire. Réservez dans le frigo.

Le jour J

- Ouvrez la porte du frigo, ôtez le film et posez le plat sur la table !

Choix des produits

Les sardines. Attention… C'est là que réside la seule difficulté de la recette. De même que vous achetez des petits pois extra-fins, vous devez trouver des sardines extra-fraîches. Elles ne sont pas plus difficiles à repérer qu'un bon melon. Elles doivent être brillantes et raides.

Le poivre. Investissez le rayon « poivre » de votre supérette préférée. Vous trouverez un mélange plutôt sympa de poivre noir, poivre vert, coriandre et cardamome. De vous à moi, c'est le moulin « poivre saveur » de Ducros.

Variante

Pour les vrais amateurs de poisson cru, il suffit de préparer cette recette 30 min avant de la servir, Dans ce cas, le citron n'aura pas le temps de cuire le poisson.

Au menu	Entrée	Plat	Dessert
Menu d'été	Filets de sardine au citron vert et au basilic	Tendron de veau aux olives 88	Fruits rouges du jardin de mes voisins 183
Menu minceur	Filets de sardine au citron vert et au basilic	Crevettes à la sauce tomate-gingembre 48	Salade d'oranges à la fleur d'oranger 188
Menu tout cru	Millefeuille de tomate-mozzarella 104	Filets de sardine au citron vert et au basilic	Le tiramisù des copains 204
Menu de la mer	Filets de sardine au citron vert et au basilic	Pavés de cabillaud au confit d'échalotes et miel d'acacia 52	Sorbet melon et groseilles fraîches Petits sablés au citron 227

Fines lamelles de saumon sauvage
à l'aneth

Un peu d'imagination
et quelques parfums essentiels, pour capturer les saveurs
de ce saumon sauvage.

Pour 6 personnes

L'avant-veille
PRÉPARATION : 10 min

La veille
PRÉPARATION : 1 min

Le jour J
FINITION : 15 min

INGRÉDIENTS

2 pavés de saumon sauvage (400 g chacun)
1 bouquet d'aneth
2 cuil. à soupe de sucre en poudre
Huile d'olive
1 cuil. à soupe de poivre concassé
4 cuil. à soupe de sel fin

Pour la décoration
1 citron

L'avant-veille

- Demandez à votre poissonnier préféré de couper un morceau de saumon de 800 g environ et d'enlever l'arête centrale. Éventuellement, demandez-lui de vous prêter un de ses couteaux pour vous permettre de faire des tranches fines.
- Dans un bol, mélangez le sel fin, le sucre et le poivre concassé.
- Posez les filets dans un plat, la peau contre le plat. Passez un doigt sur la chair. Vous sentez les arêtes ? Enlevez-les avec une pince à épiler.
- Répartissez le contenu du bol sur les deux filets. Posez les branches d'aneth sur un des filets. Recouvrez avec l'autre morceau.
- Posez le saumon sur une grille, la grille sur une assiette.
- Recouvrez le poisson d'une autre assiette ou d'une planchette, sur laquelle vous poserez un poids d'environ 2 kg ! C'est un petit exercice d'équilibre, mais vous allez y arriver.
- Réservez au réfrigérateur.

La veille

- Retournez le saumon.

MATÉRIEL PARTICULIER

1 pince à épiler, 1 grille à pâtisserie, 1 poids de 2 kg (des boîtes de conserve par exemple).

Le jour J

- Débarrassez-vous de l'échafaudage !
- Ouvrez le poisson et essuyez-le avec du papier absorbant.
- Enlevez la première tranche généralement trop salée. Si j'étais vous, je ferais des œufs brouillés avec les chutes, le lendemain.
- Coupez de fines lamelles, comme pour un saumon fumé.
- Présentez-les dans les assiettes ou dans un plat. Le moment est venu… La mise en pages doit être jolie ! Aidez-vous de brins d'aneth et de fines rondelles de citron.
- Terminez par un filet d'huile d'olive et un tour de moulin à poivre !

Suggestion d'accompagnement

Servez nature pour une entrée ou avec des pommes de terre rattes cuites à la vapeur pour un plat.

Au menu	Entrée	Plat	Dessert
Menu de la mer	Crevettes en bouquet de gingembre 48	Fines lamelles de saumon sauvage à l'aneth et pommes de terre rattes	Coupe glacée sorbet poire / sorbet cassis / liqueur de poires Williams Petits sablés au choix 226
Menu de copains	Fines lamelles de saumon sauvage à l'aneth	Sauté de veau aux 2 poivrons 92	Vacherin express 211
Menu tout cru	Cocktail de crabe, pamplemousse et avocat 34	Fines lamelles de saumon sauvage à l'aneth	Coupe de fruits exotiques 180
Menu du dimanche soir	Fines lamelles de saumon sauvage à l'aneth	Ma ratatouille 126	Gâteau au chocolat de ma voisine préférée 216

Papillotes de saumon, fèves et petits lardons

au beurre de ciboulette

Un tête-à-tête s'impose pour apprécier cet inattendu duo coloré.

Pour 2 personnes

La veille

PRÉPARATION : 5 min

Le jour J

PRÉPARATION : 15 min

CUISSON : 12 min

INGRÉDIENTS

2 filets de saumon épais de 150 g sans la peau

500 g de fèves

50 g de petits lardons fumés

70 g de beurre

1/2 bouquet de ciboulette

Sel, poivre du moulin

La veille

Le beurre de ciboulette

- Sortez à l'avance 60 g de beurre du réfrigérateur.
- Ciselez le plus finement possible le demi-bouquet de ciboulette.
- Incorporez la ciboulette au beurre mou en le travaillant à la fourchette.
- Réservez le beurre de ciboulette au réfrigérateur, sous film alimentaire.

Les fèves

- Écossez les fèves. Faites bouillir une grande casserole d'eau pour les ébouillanter 1 min. Égouttez et pelez les fèves.
- Préchauffez le four à 210 °C (th.7).
- Dans une casserole à fond épais, versez un fond d'eau accompagné de 10 g de beurre. Salez, poivrez, portez à ébullition, ajoutez les fèves. Faites les cuire à feu doux 2 à 3 min.
- Égouttez-les tout en conservant l'eau de cuisson, qui servira de base pour la sauce. Réservez.

Le jour J

Les lardons

▸ Faites chauffer à feu vif une poêle sans matière grasse et faites-y rissoler les lardons finement tranchés. Cela vous prendra au plus 2 min. Réservez au chaud.

Les papillotes de saumon

▸ Préchauffez le four à 210 °C (th. 7).

▸ Veillez à ce qu'il n'y ait plus une seule arête dans les filets. La pince à épiler est le meilleur moyen pour vous en débarrasser. Passez le bout des doigts sur la chair du poisson… Aucune ne vous échappera.

▸ Découpez 2 feuilles de papier d'alu. Déposez chaque filet au centre, salez, poivrez. Rabattez le papier d'alu bord à bord. Formez un bourrelet en commençant par un côté, et continuez ainsi jusqu'à ce que les papillotes soient hermétiquement fermées.

▸ Enfournez pour 6 à 8 min, cela dépend de l'épaisseur du filet. Il faut savoir que le poisson trop cuit est sec.

Le beurre de ciboulette

▸ Portez à ébullition le jus des fèves réservé la veille.

▸ Baissez le feu, ajoutez le beurre de ciboulette froid, cuillerée par cuillerée, sans cesser de fouetter. Petit à petit la sauce va monter. À cet instant, vous allez vous rendre compte combien il est important que la ciboulette soit très finement ciselée.

C'est fini ou presque !

▸ Répartissez la sauce au fond de chaque assiette préalablement chauffée.

▸ Posez les filets de saumon, les fèves et parsemez les petits lardons sans oublier 2 brins de ciboulette pour ajouter le détail qui fait la différence !

Variante

* **Papillotes de saumon nature.** Suivez la recette et accompagnez les papillotes d'une garniture préparée la veille. Vous pouvez aussi faire cuire les papillotes au four à micro-ondes. Pour 2 papillotes, comptez 4 min de cuisson à puissance maximum.

Chauffez les assiettes

Une étape incontournable. Vous avez un chauffe-assiettes dans votre placard, branchez-le au moment de l'apéritif. Vous pouvez aussi mettre les assiettes au four à 60 °C (th. 2) pendant 15 min. Ou encore les tremper dans l'eau très chaude et les essuyer immédiatement. Reste maintenant la solution micro-ondes. Quelques minutes suffisent.

Au menu	Entrée	Plat	Dessert
Menu en duo	Petits veloutés de cresson 117	Papillotes de saumon, fèves et petits lardons au beurre de ciboulette	Pêches et abricots aux épices 194 Petits sablés au gingembre 227
Menu d'été	Confit d'aubergine 98	Papillotes de saumon, fèves et petits lardons au beurre de ciboulette	Fruits rouges du jardin de mes voisins 183
Menu de la mer	Salade tiède de calmars sur lit de mâche 26	Papillotes de saumon, fèves et petits lardons au beurre de ciboulette	Sorbet melon et groseilles fraîches Petits sablés à l'amande amère 227

Noix de Saint-Jacques poêlées

*Amateur de recettes, classiques et faciles,
dévoreur de Saint-Jacques devant l'Éternel,
celle-ci est pour vous !*

Pour 4 personnes

Le jour J

PRÉPARATION : 5 min

CUISSON : 4 min maxi

INGRÉDIENTS

20 noix de Saint-Jacques
25 g de beurre
Quelques jolies feuilles de mâche
2 cuil. à soupe d'huile
Fleur de sel de Guérande
Poivre du moulin

Suggestions d'accompagnement

- Une *Fondue d'endives caramélisées* (p. 120).
- Une *Fondue de poireaux* (p. 121)

Le jour J

- Rincez les noix de Saint-Jacques sous un filet d'eau fraîche. Égouttez-les sur du papier absorbant. Réservez-les dans une assiette à température ambiante.
- Préchauffez les 4 assiettes. Étape incontournable ! Vous avez un chauffe-assiettes ? Pensez à le brancher suffisamment tôt. Sinon, au dernier moment, passez les assiettes sous l'eau très chaude et essuyez-les vite.
- Poivrez les Saint-Jacques.
- Faites chauffer à feu doux, dans une poêle antiadhésive, le beurre et l'huile. Dorez les noix de Saint-Jacques maximum 2 min de chaque côté. Déposez-les dans les assiettes. N'oubliez pas les feuilles de mâche. Composez vos assiettes, comme si vous posiez de la couleur sur une toile. Elles doivent être craquantes, irrésistibles…
- Déposez sur chaque noix quelques grains de fleur de sel.
- Servez sans attendre.

Au menu	Entrée	Plat	Dessert
Menu de la mer	Fines lamelles de saumon sauvage à l'aneth 38	Noix de Saint-Jacques poêlées Fondue d'endives caramélisées 120	Crème anglaise 198 Petits sablés à l'amande amère 227
Menu chic	Noix de Saint-Jacques poêlées	Sauté de veau aux 2 poivrons 92	Petits soufflés glacés au chocolat 208

Terrine de Saint-Jacques
au beurre blanc

Cette simple terrine de Saint-Jacques a séduit les 7 à 77 ans. Grâce à elle, vous vous exprimerez avec brio !

Pour 6 à 8 personnes

La veille

Préparation : 10 min

Cuisson : 50 min

Le jour J

Finition : 10 min

Cuisson : 1 min

INGRÉDIENTS

- 500 g de noix de Saint-Jacques
- 500 g de crème fraîche épaisse
- 4 œufs
- 15 g de beurre
- Sel fin

Pour servir

- 1 sauce au beurre blanc (surgelé Picard)
- Quelques feuilles de mâche

La veille

La terrine

- Préchauffez le four à 150 °C (th. 5).
- Rincez les noix de Saint-Jacques sous un filet d'eau fraîche. Posez-les sur du papier absorbant, puis versez-les dans le bol de votre robot et mixez-les le plus finement possible.
- Versez la purée de Saint-Jacques dans une terrine. Ajoutez 500 g de crème fraîche épaisse, salez et mélangez avec application. Incorporez les œufs battus au mélange Saint-Jacques/crème.
- Tapissez le fond d'un moule à cake avec un papier sulfurisé. Beurrez les bords. Versez la préparation.
- Préparez un bain-marie. Posez la terrine dans ce dernier et enfournez sans attendre pour 50 min.
- Démoulez la terrine sur le plat de service. Enlevez le papier sulfurisé. Recouvrez la terrine de son moule. Elle ne doit pas sécher.
- Placez une petite cuillère sous l'une des extrémités du plat de façon à l'incliner. Un liquide va doucement s'écouler. Je n'ai rien trouvé de mieux que le papier absorbant pour l'enlever. Faites comme les Shadoks… Pompez !
- Réservez au réfrigérateur recouvert du moule.

Variantes

* Servez la *Terrine de Saint-Jacques au beurre blanc* en entrée. Supprimez le riz.
* Servez la *Terrine de Saint-Jacques* en entrée froide, sans le beurre blanc, mais accompagnée d'une mayonnaise au citron.

Bon à savoir

Le beurre blanc est une émulsion délicate à réaliser, composée de beurre, échalotes finement hachées, vinaigre de vin blanc, sel et poivre. Simplifiez-vous la vie, la version surgelée est excellente.

Le jour J

C'est fini ou presque !

- Réchauffez le beurre blanc en suivant les indications notées sur l'emballage.
- Réchauffez la terrine au micro-ondes ou dans un cuit-vapeur ovale. Enlevez le moule.
- Entourez-la de riz thaï nature. Comptez 80 g de riz cru par personne.
- Jetez par-ci par-là quelques feuilles de mâche.
- Servez le beurre blanc en saucière.

Je vous entends d'ici ! « La prochaine fois, je mets quelques noix au fond du plat, le look sera d'enfer. »

Eh bien non… Vous avez tout faux, pour la simple et bonne raison que, lorsque vous allez faire les tranches, tout va s'effondrer… C'est du vécu !

Au menu	Entrée	Plat	Dessert
Menu d'hiver	Terrine de Saint-Jacques au beurre blanc	Sauté d'agneau aux pruneaux et aux pommes 66	Tarte sablée tout chocolat 219
Menu chic	Fonds d'artichaut au foie gras à la vinaigrette d'herbes 110	Terrine de Saint-Jacques au beurre blanc Riz blanc	Petits fondants tièdes au chocolat 218
Menu de copains	Terrine de Saint-Jacques au beurre blanc	Tendron de veau aux olives 88	Infusion de fruits secs au thé Earl Grey et à la cannelle 192

Bar de ligne en croûte de sel

*Tout un monde d'émotions,
une envolée de raffinement et de fraîcheur au cœur de l'hiver.*

Pour 4 personnes

Le jour J

Préparation : 10 min
+ 5 min (beurre citronné)

Cuisson : 30 min
+ 3 min (beurre citronné)

INGRÉDIENTS

1 bar de ligne de 1,2 kg

3 kg de gros sel marin non raffiné (sel gris)

Beurre citronné

100 g de beurre bien froid

10 cl de crème fraîche

1/2 citron (jus)

Sel, poivre du moulin

Achat du poisson

▸ Choisissez de préférence un bar de ligne. Comme son nom l'indique, ce n'est pas un poisson d'élevage. Il est plus cher, mais sans comparaison possible.

▸ Demandez à votre poissonnier de couper la tête, la queue,

Le jour J

Le bar

▸ Préchauffez le four à 210 °C (th. 7).

▸ Coupez le beurre en cubes, réservez au réfrigérateur, c'est impératif.

▸ Déposez dans un plat de la taille du poisson, une couche de sel marin de 1 cm d'épaisseur. Passez le bar rapidement sous l'eau fraîche, essuyez-le avec du papier absorbant. Protégez le côté queue et le côté tête par un morceau de papier d'alu. Posez le poisson sur la couche de sel. Recouvrez ce dernier avec le sel restant. En appliquant vos mains, reconstituez la forme du poisson. Le bar doit être totalement enfermé dans le sel.

▸ Enfournez le plat 30 min pendant lesquelles le sel va se solidifier et former une croûte.

▸ Sortez le bar du four et laissez-le reposer le temps de préparer le beurre citronné.

Le beurre citronné

▸ Versez le jus du demi-citron dans une petite casserole et portez à ébullition. Faites réduire de moitié. Surveillez la casserole, c'est rapide ! Incorporez au citron, un à un, les morceaux de beurre bien froids, en vous aidant d'un fouet. Avec un beurre à température ambiante, votre sauce ne montera pas. Le contraste du froid et du chaud est magique !

les nageoires et de vider le poisson. Il ne faut pas l'écailler. Les écailles protègent la chair du sel.

Suggestion d'accompagnement

Des pommes de terre à chair ferme de type ratte ou charlotte cuites à la vapeur. Il est hors de question de faire cuire les pommes de terre à l'avance et de les réchauffer. À vous de bien calculer votre organisation.

Chauffez les assiettes

Si vous avez un chauffe-assiettes, branchez-le au moment de l'apéritif. Vous pouvez aussi mettre les assiettes au four à 60 °C (th. 2) pendant 15 min. Autre solution : les passer sous de l'eau très chaude et les essuyer immédiatement. Ou encore les mettre quelques minutes au micro-ondes.

- Ajoutez la crème fraîche tout en continuant à fouetter. Salez, poivrez. Goûtez la sauce. Si elle vous paraît trop acide, ajoutez un peu de crème.

À table !

- Présentez le bar à vos invités dans son plat de cuisson.
- Cassez et enlevez dans la cuisine la croûte de sel en faisant attention de ne pas entamer la chair du poisson. Bravo ! Vous avez accompli la partie la plus délicate de la recette.
- Enlevez la peau, levez les filets que vous déposez sur 4 assiettes préalablement chauffées.
- Ajoutez le légume choisi. Arrosez de beurre citronné. Quand vos amis vont s'émerveiller, surtout ne dites pas « c'est très facile, il suffit de… » Sachez garder un certain mystère…

Variantes

* **Bar de ligne en croûte de sel, à l'anis.** Vous aimez l'anis ? Versez 1 cuil. à soupe de pastis dans le ventre du poisson avant de l'enfermer dans le sel.
* **Dorade en croûte de sel.** S'il n'y a pas de bar chez votre poissonnier, choisissez une dorade. Faites-vous simplement préciser le temps de cuisson.

Au menu	Entrée	Plat	Dessert
Menu minceur	Terrine de courgettes à la menthe fraîche 101	Bar de ligne en croûte de sel	Coupe de fruits printemps-été 181
Menu de la mer	Fines lamelles de saumon sauvage à l'aneth 38	Bar de ligne en croûte de sel	Glace au caramel / amandes concassée Petits sablés à l'amande amère 227

Crevettes à la sauce tomate-gingembre

Avis de tempête !
Un soir d'orage, j'ai voulu les étonner.
Ils ont tous été soufflés.

Pour 4 personnes

La veille

Coulis de tomate : 2 h

Sauce : 15 min

Cuisson : 30 min

Le jour J

Finition : 10 min

INGRÉDIENTS

24 belles crevettes roses

30 cl de coulis de tomate (p. 244)

2 oignons (150 g environ)

100 g de gingembre frais ou surgelé

2 cuil. à soupe de coriandre ciselée

1 cuil. à soupe d'huile d'olive

Sel, poivre du moulin

La veille

Le coulis

- Préparez le coulis de tomate (p. 244). Il est également possible que votre « génie » de l'organisation vous chuchote : « ouvre le congélo… ».

La sauce tomate-gingembre

- Pelez les oignons. Émincez-les le plus finement possible.
- Pelez le gingembre à l'aide d'un couteau économe, puis coupez la racine en lamelles, dans le sens des fibres, toujours à l'aide de l'économe. Taillez ces lamelles en minces bâtonnets, les plus fins possible. Réservez.
- Versez 1 cuil. à soupe d'huile d'olive dans la cocotte. Quand l'huile est chaude, ajoutez les oignons. Faites-les cuire à feu doux et à couvert pendant 10 min environ. Ne vous éloignez pas. Vous devez surveiller la cuisson en remuant régulièrement. Les oignons doivent fondre avant de se colorer. Un autre détail : au moment où vous soulevez le couvercle, laissez tomber l'eau de condensation sur les oignons.
- Ajoutez les bâtonnets de gingembre. Remuez et poursuivez la cuisson encore 10 min.
- Versez maintenant 30 cl de coulis de tomate. Faites mijoter quelques minutes supplémentaires. Laissez refroidir et réservez au réfrigérateur sous un film alimentaire.

Suggestion d'accompagnement

Riz thaï nature.

Chauffez les assiettes

Une étape incontournable. Vous avez un chauffe-assiettes dans votre placard, branchez-le au moment de l'apéritif. Vous pouvez aussi mettre les assiettes au four à 60 °C (th. 2) pendant 15 min. Ou encore les tremper dans l'eau très chaude et les essuyer immédiatement. Reste maintenant la solution micro-ondes. Quelques minutes suffisent.

Variante

Servez les *Crevettes à la sauce tomate-gingembre* en entrée chaude, sans le riz, bien sûr ! Comptez 3 à 4 crevettes par personne.

Le jour J

Les crevettes

- Chauffez 4 assiettes.
- Décortiquez les 24 crevettes. C'est le moment d'être minutieux. Enlevez tout d'abord la tête. Continuez progressivement, enlevez la carapace. Arrêtez-vous au niveau de la queue. Gardez les crevettes avec leurs queues, elles seront tendance !
- Réchauffez quelques minutes la sauce tomate-gingembre.
- Mettez les crevettes dans la sauce, juste le temps de les réchauffer. Cela ne vous prendra pas plus d'une minute. Goûtez, rectifiez l'assaisonnement si nécessaire.
- Versez, à l'aide d'une petite louche, la sauce dans chaque assiette.
- Présentez les crevettes dans chacune d'elles.
- N'oubliez pas de parsemer de coriandre finement ciselée pour apporter la note de couleur qui fait la différence.

Au menu	Entrée	Plat	Dessert
Menu d'été	Petits légumes du soleil 129	Crevettes à la sauce tomate-gingembre	Pêches et abricots aux épices 194
Menu minceur	Crevettes à la sauce tomate-gingembre	Dorade en croûte de sel 47	Fraises nature
Menu tout rouge	Millefeuille de tomate-mozzarella 104	Crevettes à la sauce tomate-gingembre	Fruits rouges du jardin de mes voisins 183

Daurade royale à l'ail
et aux petits oignons nouveaux

Cette daurade… C'est du bonheur à l'état pur, facile à réaliser !
Préparez votre entrée et votre dessert la veille.
Il ne vous restera plus que dix minutes de préparation
pour la daurade royale ! Le dîner est prêt.
Vous profiterez de vos invités.

Pour 4 personnes

Le jour J

Préparation : 10 min

Cuisson : 25 min

INGRÉDIENTS

- 1 daurade royale d'environ 1,2 kg
- 1 tomate mûre
- 10 petits oignons nouveaux
- 4 gousses d'ail
- 2 brins de thym
- 1 cuil. à soupe d'huile d'olive (+ 2 filets pour le poisson)
- 3 cuil. à soupe de vinaigre de vin
- Sel, poivre du moulin

Chez votre poissonnier

Demandez à votre poissonnier d'ébarber, écailler et vider le poisson.

Le jour J

- Préchauffez le four à 210 °C (th. 7).
- Passez la daurade royale sous un filet d'eau fraîche. Épongez-la soigneusement avec du papier absorbant. Posez le poisson dans un plat en porcelaine à feu, de part et d'autre, salez et poivrez. Arrosez d'un filet d'huile d'olive et effeuillez le thym sur le poisson.
- Pelez les petits oignons nouveaux tout en conservant 2 à 3 cm de tige. Partagez-les dans le sens de la hauteur, en quatre ou six, suivant leur taille. Gardez 3 petits oignons entiers que vous glisserez dans le ventre de la daurade.
- Répartissez les autres morceaux d'oignons autour du poisson.
- Lavez la tomate, puis tranchez-la en fines rondelles. Posez-les sur la daurade.
- Arroser à nouveau l'ensemble d'un filet d'huile d'olive.
- Enfournez la daurade pour 25 min. Attention, elle doit rester rosée à l'arête. Il vous faut absolument préserver le raffinement de ce poisson par une cuisson parfaite. Faites-

Suggestion d'accompagnement

Des pommes de terre à chair ferme cuites au dernier moment et à la vapeur. Vous avez trouvé des petites rattes du Touquet ? Génial ! Désolée de vous le dire, mais les pommes de terre réchauffées sont bonnes pour la poubelle !

vous confirmer le temps de cuisson par le poissonnier. Il varie selon le poids du poisson.

- Pelez les gousses d'ail. Taillez-les en fines rondelles.
- Versez 1 cuil. d'huile d'olive dans une petite casserole. Faites dorer l'ail à feu doux. Surtout, ne vous éloignez pas, cela va très vite ! Ajoutez 3 cuil. à soupe de vinaigre dans la casserole. Portez à ébullition 1 min.
- Présentez la daurade royale dans un plat plutôt sympa, sans oublier de répartir les rondelles d'ail sur le poisson.

Variantes

* **Dorade rose à l'ail et aux petits oignons nouveaux.** Vous pouvez faire cette recette avec de la dorade rose, beaucoup moins chère. Vérifiez le temps de cuisson auprès de votre poissonnier.

Au menu	Entrée	Plat	Dessert
Menu d'été	Petits légumes du soleil 129	Daurade royale à l'ail et aux petits oignons nouveaux Pommes de terre vapeur	Vacherin express 211
Menu minceur	Filets de sardine au citron vert et au basilic 36	Daurade royale à l'ail et aux petits oignons nouveaux	Pêches et abricots nature
Menu de la mer	Fines lamelles de saumon sauvage à l'aneth 38	Daurade royale à l'ail et aux petits oignons nouveaux Pommes de terre vapeur	Le tiramisù des copains 204

Pavés de cabillaud au confit d'échalotes
et miel d'acacia

Le chien vient de casser le vase Ming de grand-mère…
Votre compagnon a oublié de payer la facture d'électricité…
Votre fille s'est « relookée » !
Restez zen…
Il ne vous reste plus qu'à poser les bougeoirs
sur la table et faire cuire le poisson !

Pour 4 personnes

La veille

PRÉPARATION : 5 min

CUISSON : 40 min

Le jour J

CUISSON : 4 min

INGRÉDIENTS

- 4 pavés épais de cabillaud de 180 g environ
- 16 échalotes allongées
- 1 petite gousse d'ail
- 2 cuil. à soupe de miel d'acacia
- 5 cuil. à soupe d'huile d'olive
- 3 cuil. à soupe de vinaigre balsamique
- 2 cuil. à soupe de farine
- Sel, poivre du moulin

La veille

Le confit d'échalotes

▸ Pelez les échalotes. Faites chauffer 3 cuil. à soupe d'huile d'olive dans une cocotte, et faites-y revenir les échalotes entières, sur feu doux, pendant environ 10 min. Pressez la petite gousse d'ail dessus, remuez.

▸ Ajoutez 2 généreuses cuillerées à soupe de miel d'acacia, le vinaigre balsamique, salez, mélangez, couvrez, laissez mijoter environ 30 min.

▸ Laissez refroidir, réservez au réfrigérateur jusqu'au lendemain.

Le jour J

Le cabillaud

▸ Réchauffez le confit d'échalotes à feu doux.

▸ Versez dans une poche en plastique propre, 2 cuil. à soupe de farine.

▸ Posez les pavés de cabillaud à l'intérieur. Fermez et remuez en tous sens.

- Ouvrez la poche, secouez une dernière fois un à un les pavés pour supprimer l'excédent de farine. Très pratique, cette technique ! N'hésitez pas à confier l'astuce à vos amis.

- Faites chauffer sans attendre 2 cuil. à soupe d'huile d'olive dans une poêle antiadhésive.

- Posez les pavés de cabillaud dans la poêle, pour les dorer sur feu vif environ 2 min de chaque côté. Le temps de cuisson des pavés varie selon leur épaisseur : n'oubliez pas que le poisson trop cuit est sec.

- Salez et poivrez le poisson avant de le présenter dans un plat entouré des échalotes confites.

- Servez sans attendre, accompagné de pommes de terre rattes cuite à la vapeur.

Au menu	Entrée	Plat	Dessert
Menu de printemps	Marinade de poivrons aux anchois 106	Pavés de cabillaud au confit d'échalotes et miel d'acacia Rattes cuites à la vapeur	Coupe de fruits printemps-été 181
Menu de la mer	Filets de sardine au citron vert et au basilic 36	Pavés de cabillaud au confit d'échalotes et miel d'acacia Rattes cuites à la vapeur	Crème anglaise à la pistache 199 Petits sablés à la vanille 226
Menu de copains	Velouté de cresson 116	Pavés de cabillaud au confit d'échalotes et miel d'acacia Rattes cuites à la vapeur	Le tiramisù des copains 204

Filets de sole au curry
et au haddock

« Mille millions de mille sabords ! Pas besoin d'avoir du jus de rutabaga ni du jus de réglisse dans les veines… »
pour vous jeter à l'eau.
Vous aurez préparé l'entrée et le dessert la veille.

Pour 4 personnes

Le jour J

PRÉPARATION : 15 min

CUISSON : 3 min (filets de sole)

+ 3 ou 4 min (pâtes)

INGRÉDIENTS

4 soles en filets

150 g de haddock

500 g de pâtes fraîches longues et fines (tagliatelles)

75 g de beurre

25 cl de crème fraîche liquide

1 filet d'huile d'olive

Curry

Sel, poivre du moulin

Le jour J

Les soles et le haddock

- Demandez au poissonnier de lever les filets de sole et de vous donner un morceau de haddock choisi dans la partie charnue du filet.
- Préchauffez le four à 210 °C (th. 7).
- Portez à ébullition une grande casserole d'eau salée, accompagnée d'un filet d'huile d'olive (ce sera pour les pâtes).
- Saupoudrez très légèrement de curry chaque côte des filets. N'oubliez pas, ce sont des filets de sole au curry et non un curry aux filets de sole !
- Posez les filets les uns à côté des autres sur la plaque du four préalablement beurrée (environ 15 g).
- Salez, poivrez. Parsemez sur les filets 60 g de beurre coupé en petits morceaux.
- Faites chauffer 25 cl de crème sans la faire bouillir.
- Enlevez la peau du haddock. Coupez le filet en morceaux, que vous mettrez dans la casserole de crème. Portez doucement à ébullition 3 min. Goûtez, rectifiez l'assaisonnement si nécessaire. Réservez.

▸ Enfournez les filets de sole 3 min. N'oubliez pas, ce délicat poisson appelle une cuisson légère.

Les pâtes

▸ Versez-les dans l'eau en pleine ébullition. Le temps de cuisson varie de 3 ou 4 min suivant leur provenance.

▸ Égouttez-les. Présentez-les dans un joli plat creux.

Finition

▸ Versez sans attendre la crème et le haddock sur les pâtes, sans mélanger.

▸ Posez les filets de soles dessus, et… rappelez-vous, c'est avant tout l'œil qui éveille les papilles !

▸ Servez sans attendre.

Au menu	Entrée	Plat	Dessert
Menu de printemps	Terrine de courgettes à la menthe fraîche 101	Filets de sole au curry et au haddock Pâtes fraîches	Fraises au gingembre confit 186
Menu chic	Petits gratins de courgettes au basilic et coulis de tomate 125	Filets de sole au curry et au haddock Pâtes fraîches	Petits pots de crème safranée au miel 200
Menu de la mer	Marinade de poivrons aux anchois 106	Filets de sole au curry et au haddock Pâtes fraîches	Sorbet framboise / cassis / fraises des bois Petits sablés au gingembre 227

Thon au poivron rouge,
tomate et piment d'Espelette

Sachez trouver le bon « thon » ! Devenez coloriste ! Entourez ce plat rouge de couleurs variées ou, au contraire, jouez le menu « tout rouge ».

Pour 4 personnes

La veille

Préparation : 15 min

Cuisson : 50 min

Le jour J

Cuisson : 15 min

Finition : 2 min

INGRÉDIENTS

1 tranche de thon d'environ 800 g

8 tomates mûres

1 poivron rouge

10 oignons nouveaux

2 gousses d'ail nouveau en saison

Huile d'olive

2 ou 3 pincées de piment d'Espelette en poudre

Sel, poivre du moulin

Bon à savoir

Au printemps, préférez l'ail nouveau !

La veille

Les légumes

- Pelez les oignons en laissant 2 cm de tige. Coupez-les en deux s'ils sont trop gros.
- Dans une poêle antiadhésive, versez un filet d'huile d'olive. Quand l'huile est chaude, ajoutez les oignons. Faites-les dorer tout doucement environ 10 min.
- Pelez les gousses d'ail, tranchez-les en fines rondelles. Ajoutez-les aux oignons, à mi-cuisson.
- Pelez le poivron à l'aide d'un couteau économe, sa peau est épaisse et ne présente aucun intérêt. Coupez-le en lanières.
- Réservez les oignons et l'ail dans une assiette.
- Faites sauter les lanières de poivron dans un filet d'huile d'olive 5 min environ.
- Lavez les tomates. Vous avez le temps ? Pelez-les avec un couteau-économe. Coupez-les en deux, épépinez-les et coupez-les en morceaux.
- Ajoutez-les aux poivrons, ainsi que les oignons et l'ail. Les tomates vous paraissent acides ? N'hésitez pas une seconde, 1 cuil. à café de sucre va adoucir leur caractère !
- Salez, poivrez.

Variante

* **Thon froid au poivron rouge, tomate et piment d'Espelette.** Vous pouvez servir ce plat froid, en évitant de le faire passer par la case frigo ! Vous enchanterez tous vos amis, et vous n'aurez pas à vous mettre à vos fourneaux au dernier moment.

▸ Donnez une couleur locale à votre sauce en ajoutant 2 ou 3 pincées de piment d'Espelette.

▸ Laissez ainsi mijoter les légumes à découvert et à petits bouillons, au minimum 40 min.

Le jour J

Le thon

▸ Réchauffez les légumes dans une cocotte.

▸ Versez un filet d'huile d'olive dans une poêle antiadhésive. Faites dorer le thon de chaque côte, sur feu assez vif. La cuisson du thon varie selon l'épaisseur de la tranche. Gardez simplement en mémoire que le thon trop cuit est sec.

▸ Ajoutez la tranche de poisson à la sauce. Et pas le contraire ! Couvrez, laissez mijoter 10 min. Goûtez, rectifiez l'assaisonnement si nécessaire.

▸ Présentez le poisson dans son plat de service. Décorez de quelques olives, par exemple.

Au menu	Entrée	Plat	Dessert
Menu d'été	Thon froid au poivron rouge, tomate et piment d'Espelette	Tarte à la courgette et au comté 138 Salade verte	Coupe de fruits printemps-été 181
Menu tout rouge	Millefeuille de tomate-mozzarella 104	Thon froid au poivron rouge, tomate et piment d'Espelette	Fruits rouges du jardin de mes voisins 183
Menu de la mer	Salade tiède de calmars sur lit de mâche 26	Thon froid au poivron rouge, tomate et piment d'Espelette	Nougat glacé / coulis de fraise / fraises des bois / chantilly Petits sablés à l'amande amère 227

Médaillons de thon au foie gras

Andy Warhol l'a dit :
« Nous serons tous célèbres au moins un quart d'heure... »
Vous êtes dans les coulisses de l'exploit ! Faites vôtre cette recette, en l'imaginant, afin de bien visualiser ce que vous devez réaliser.
Réfléchissez à votre organisation.
La finition de la sauce, la cuisson du thon et du foie gras doivent impérativement se faire au dernier moment. Mais vous aurez déjà préparé l'entrée et le dessert la veille...
Alors, pour terminer vos préparatifs sans stress, et « mettre en bouche » vos invités, racontez-leur, pendant qu'ils dégustent l'entrée, ce que vous préparez à leur intention.

Pour 4 personnes

La veille

Préparation : 15 min

Cuisson : 18 min

Le jour J

Préparation : 20 min

Cuisson : 20 min

INGRÉDIENTS

- 4 petites tranches de thon de 3 cm d'épaisseur
- 1 foie gras de canard cru de 400 à 600 g
- 2 carottes
- 2 petites courgettes

La veille

Les légumes

- Pelez les oignons tout en conservant 3 cm de tige. Coupez-les en deux.
- Faites chauffer dans une petite poêle sur feu vif 2 cuil. à soupe d'huile d'olive. Baissez le feu, déposez les oignons dans la poêle. Faites-les dorer 10 à 12 min à petit feu, jusqu'à ce qu'ils deviennent fondants.
- Pelez les carottes. À l'aide d'un couteau économe, coupez-les en longues lamelles dans le sens de la longueur. Ce couteau économe vous permet de faire sans difficulté des tranches égales relativement fines.
- Lavez les courget·tes et, sans les peler, coupez-les de la même façon que les carottes.

8 petits oignons nouveaux

5 cuil. à soupe d'huile d'olive

Sel, poivre du moulin

Pour la sauce

50 g de beurre doux froid

100 g de beurre salé froid

30 cl de bon bourgogne rouge

20 cl de vinaigre balsamique

1 échalote

◗ Faites cuire successivement à la vapeur, les carottes 3 à 4 min puis les courgettes 2 à 3 min.

◗ Réservez les légumes sous un film alimentaire au réfrigérateur.

Le thon

La cuisson du thon est très importante. Le thon doit être à peine rosé à l'intérieur. Ce serait dommage de tout gâcher au dernier moment. Le thon trop cuit est sec et ne présente plus aucun intérêt !

◗ Façonnez les tranches de thon pour qu'elles soient de la taille des escalopes de foie. En phase finale, vous déposerez le foie sur le thon.

◗ Badigeonnez-les d'huile d'olive à l'aide d'un pinceau.

◗ Salez, poivrez et réservez au réfrigérateur dans une assiette recouverte d'un film alimentaire.

Réduction de la sauce

◗ Coupez le beurre doux et le beurre salé en morceaux. Réservez au réfrigérateur. Il est indispensable d'utiliser un beurre bien froid pour monter votre sauce.

◗ Versez dans une casserole à fond épais de taille moyenne 20 cl de vinaigre balsamique, 30 cl de bourgogne et l'échalote pelée et coupée en deux. Sans délirer dans le prix de la bouteille de bourgogne, choisissez un bon vin. Avec un bon vin, vous ne pouvez que faire une bonne sauce !

◗ Faites réduire sur feu moyen, jusqu'à l'obtention d'une sauce sirupeuse. Il vous faut approximativement 15 à 20 min. Cela dépend de l'intensité du feu. Gardez toujours un œil sur votre casserole ! Puis réservez.

Le jour J

Les escalopes de foie de canard

◗ Réchauffez la lame d'un couteau sous un filet d'eau brûlante.

- Posez le foie gras cru sur une planche et coupez 4 tranches de 1,5 cm d'épaisseur. Le couteau chaud fait légèrement fondre le foie et vous facilite ainsi la découpe.
- Salez, poivrez et réservez au réfrigérateur dans une assiette recouverte d'un film alimentaire.

Finition de la sauce au bourgogne

- C'est juste avant la cuisson du thon et du foie que vous monterez la sauce au beurre.
- Munissez-vous d'un fouet et, sur feu doux, incorporez le beurre très froid, morceau par morceau, à la réduction très chaude. Petit à petit la sauce va monter.
- Enlevez l'échalote et réservez la sauce au chaud dans un bain-marie jusqu'à son utilisation. Faites très attention à ce que l'eau ne déborde pas dans la sauce.
- Donnez-vous un instant de bonheur avant tout le monde… Goûtez-la. Si vous la trouvez légèrement acide, ajoutez un soupçon de sucre.

Chauffez les assiettes

Une étape incontournable. Vous avez un chauffe-assiettes dans votre placard, branchez-le au moment de l'apéritif. Vous pouvez aussi mettre les assiettes au four à 60 °C (th. 2) pendant 15 min. Ou encore les tremper dans l'eau très chaude et les essuyer immédiatement. Reste maintenant la solution micro-ondes. Quelques minutes suffisent.

Dernière ligne droite

J'ai besoin de toute votre attention pour la cuisson du thon et du foie gras.

- Faites chauffer une poêle antiadhésive très légèrement huilée pour saisir les médaillons de thon 1 min 30 de chaque côté. Salez, poivrez.
- Dans le même temps, réchauffez les légumes dans un panier vapeur ou au micro-ondes.
- Déposez au centre de chacune des assiettes chaudes 1 médaillon de thon.
- Faites chauffer une autre poêle antiadhésive sans matière grasse.
- Entourez pendant ce temps les pavés de thon de 1 ou 2 lanières de courgettes et de carottes.

◗ Versez, autour du thon, 3 généreuses cuillerées à soupe de sauce au bourgogne, pour former 3 pétales.

◗ Répartissez les petits oignons nouveaux le plus élégamment possible.

◗ Saisissez les escalopes de foie gras, sur feu vif, 15 secondes de chaque côté. Il est hors de question de laisser le foie gras dans la poêle, il va continuer à cuire…

◗ Posez-les immédiatement sur chaque médaillon de thon. Utilisez, suivant votre inspiration, l'orangé de la carotte et le vert de la courgette pour donner la touche finale sur l'escalope de foie de canard.

◗ Servez sans attendre. N'oubliez pas de présenter le reste de la sauce en saucière.

Vous venez d'exécuter la partie la plus délicate de la recette. Bravo ! Il ne vous reste plus qu'à recevoir les félicitations de vos invités sans aucune modestie et savourer cet instant de célébrité.

Au menu	Entrée	Plat	Dessert
Menu chic	Velouté de potiron 112	Médaillons de thon au foie gras	Petits soufflés glacés au chocolat 208
Menu d'anniversaire	Terrine de Saint-Jacques au beurre blanc 44	Médaillons de thon au foie gras	Le « trois en un » tout chocolat 218
Menu de la mer	Fines lamelles de saumon sauvage à l'aneth 38	Médaillons de thon au foie gras	Crème anglaise à la pistache 199 Petits sablés à la vanille 226

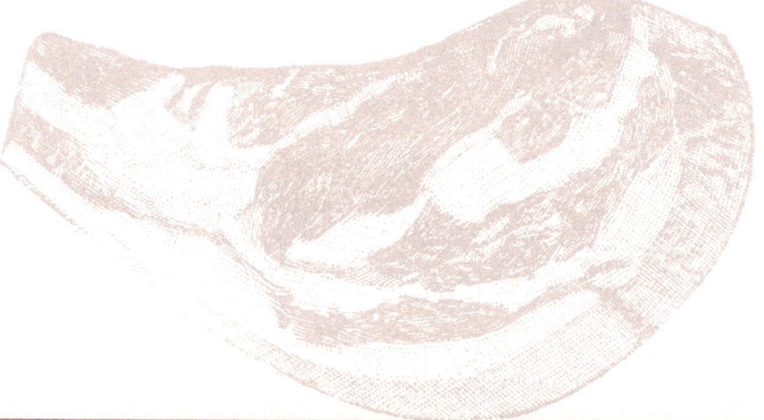
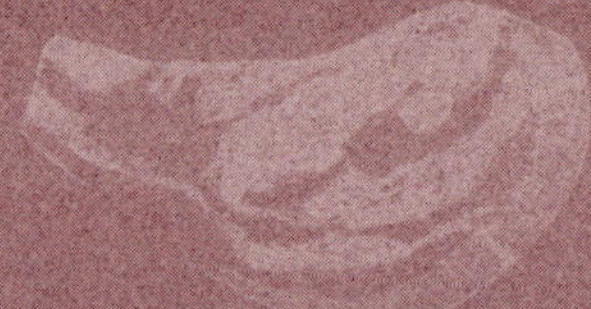
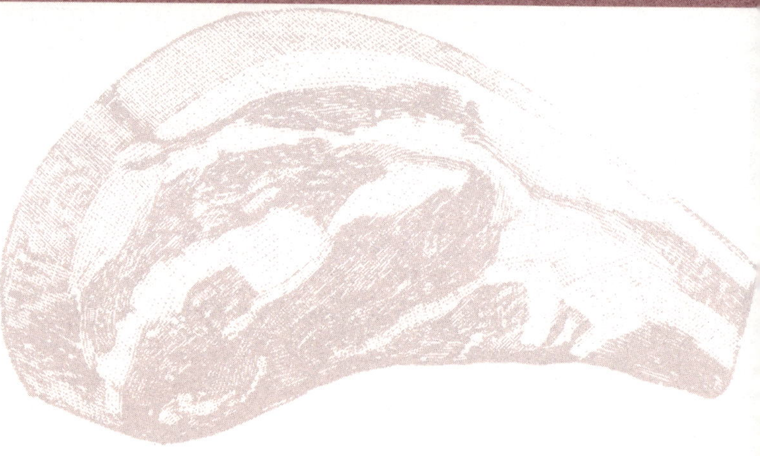

Viandes et volailles

Carré d'agneau aux herbes de l'été

Ce dîner, je m'y suis préparée. La veille, j'ai choisi la nappe, blanche finalement, et les assiettes avec le filet bleu. Je commence toujours par mettre la table. J'arrive dans ma cuisine, je cisèle le persil, l'estragon et le cerfeuil… Les soufflés glacés au chocolat vont aussi être une douceur. C'est parfois si facile de se donner du bonheur.

Pour 4 personnes

La veille

Préparation : 15 min

Le jour J

Préparation : 20 min

Cuisson : 30 min

INGRÉDIENTS

1 carré d'agneau de 1 kg

4 tranches de bon pain de mie

2 échalotes

7 ou 8 gousses d'ail

10 brins de persil plat

15 brins de cerfeuil

3 brins d'estragon

2 brins de thym

3 cuil. à soupe de moutarde forte

3 cuil. à soupe d'huile d'olive

Sel, poivre du moulin

La veille

Les herbes

- Lavez le persil plat, le cerfeuil, l'estragon et le thym en les passant sous un filet d'eau fraîche. Essorez-les dans l'essoreuse à salade. Le séchage des herbes n'est pas à négliger, pour les hacher correctement. Effeuillez-les.
- Pelez les échalotes. Hachez les herbes et les échalotes finement et séparément. Réservez dans un film alimentaire au réfrigérateur.
- Enlevez à l'aide d'un couteau la croûte de 4 tranches de pain de mie. Émiettez uniquement la mie. Réservez dans un film alimentaire au réfrigérateur.

Le jour J

Le carré

- Préchauffez le four 240 °C (th. 8).
- Mélangez les herbes ciselées, le thym effeuillé, les échalotes hachées et le pain émietté afin d'obtenir une pâte.
- Badigeonnez le carré d'agneau de 3 cuil. à soupe de moutarde forte. Le pinceau ne fait pas encore partie de votre batterie de cuisine ? C'est le moment d'investir. Je n'ai rien trouvé de plus pratique. Salez, poivrez.

◗ Puis appliquez la pâte d'herbes sur toute la surface du carré.

◗ Posez le carré d'agneau dans un plat allant au four, placez les gousses d'ail en chemise tout autour. En saison, préférez l'ail nouveau ! Arrosez l'agneau d'huile d'olive et enfournez pour 30 min.

◗ Dès la sortie du four, recouvrez le carré de papier d'alu.

◗ Laissez reposer ainsi la viande 10 min. Ceci est un principe que vous pouvez utiliser pour toutes viandes blanches ou rouges. Cela permet à la viande de se détendre.

◗ Versez le jus dans une saucière.

◗ Présentez le carré d'agneau à vos invités, dans le plat de service, entouré des légumes de votre choix.

Suggestions d'accompagnement

◗ *Mon gratin dauphinois* (p. 122).

◗ Une *Poêlée de tomates au thym* (p. 132).

◗ Un *Gratin de courgettes au basilic* (p. 124).

Au menu	Entrée	Plat	Dessert
Menu d'été	Marinade de poivrons aux anchois 106	Carré d'agneau aux herbes de l'été Gratin de courgettes au basilic 124	Petits soufflés glacés au chocolat 208
Menu de copains	Filets de sardine au citron vert et au basilic 36	Carré d'agneau aux herbes de l'été Poêlée de tomates au thym 132	Crumble « too much » et sa glace à la pomme 196
Menu traditionnel	Rillettes aux 2 saumons 32	Carré d'agneau aux herbes de l'été Mon gratin dauphinois 122	Vacherin express 211

Sauté d'agneau aux pruneaux et aux pommes

Les devoirs des enfants ne sont pas terminés, les bains pas pris.
Ils seront tous là à 20 h 30.
La panique ne me gagnera pas, l'agneau mijote dans le four.

Pour 4 personnes

La veille

Préparation : 15 min

Cuisson : 1 h 40

Le jour J

Préparation : 10 min

Il suffit de réchauffer !

INGRÉDIENTS

- 1 kg d'épaule d'agneau dégraissée et coupée en morceaux
- 6 pommes golden
- 3 oignons
- 2 gousses d'ail
- 1 cuil. à soupe de gingembre râpé frais ou surgelé
- 1 bouquet de coriandre fraîche
- 16 pruneaux d'Agen dénoyautés
- 50 g de beurre
- 2 cuil. à soupe d'amandes effilées
- 3 cuil. à soupe de graines de sésame

La veille

- Préchauffez le four à 180 °C (th. 6).
- Dégraissez la viande à nouveau. Le boucher laisse toujours trop de gras. Il ne faut cependant pas tout enlever ! À vous de doser selon votre goût.
- Dans une cocotte pouvant aller au four par la suite, faites dorer les morceaux d'agneau avec l'huile d'olive, pendant 10 min à feu vif. Enlevez la viande de la cocotte, réservez-la.
- Pelez et émincez finement les oignons. Faites-les revenir dans la même cocotte à feu doux et à couvert, jusqu'à ce qu'ils deviennent translucides. Découvrez la cocotte, ajoutez les gousses d'ail coupées en fines rondelles. Poursuivez la cuisson le temps que les oignons et l'ail blondissent.
- Remettez la viande dans la cocotte, avec l'ail et l'oignon, prolongez le rissolage 10 min.
- Ajoutez à la viande le bouquet de coriandre ficelé, le gingembre, le safran. Salez, poivrez. Mouillez d'eau à mi-hauteur (maximum) de la viande. Couvrez la cocotte d'une feuille de papier d'alu percée de quelques trous.
- Enfournez pour 1 h 30. Ajoutez les pruneaux (il n'est pas utile de les faire gonfler préalablement dans de l'eau), poursuivez la cuisson 30 min.
- Réservez jusqu'au lendemain.

1 dose de filaments de safran

1 cuil. à soupe de miel liquide

3 cuil. à soupe d'huile d'olive

Sel, poivre du moulin

Le jour J

- Pelez et épépinez les pommes, coupez-les en quartiers. Faites-les dorer de tous les côtés dans 50 g de beurre.
- Enlevez la fine pellicule de graisse du sauté d'agneau avant de le faire réchauffer, sans le faire recuire.
- Dans une poêle antiadhésive, faites dorer à feu moyen les amandes effilées. Ne les quittez pas des yeux, une poignée de secondes suffit.
- Réchauffez les pommes si elles ont refroidi.
- Ouvrez la cocotte. Enlevez le bouquet de coriandre. Si la sauce vous paraît trop liquide, enlevez la viande, réservez-la au chaud. Faites réduire la sauce sur feu moyen.
- Ajoutez une généreuse cuillerée à soupe de miel à la sauce. Mélangez délicatement. Goûtez. Rectifiez l'assaisonnement si nécessaire.
- Versez le contenu de la cocotte dans le plat de service. Répartissez les pommes autour.
- Parsemez les amandes et la cuillerée à soupe de graines de sésame sur le plat. Servez sans attendre.

Au menu	Entrée	Plat	Dessert
Menu de printemps	Petits gratins de courgettes au basilic et coulis de tomate 125	Sauté d'agneau aux pruneaux et aux pommes	Glace à la vanille Croustillants aux amandes 222
Menu d'été	Terrine de courgettes à la menthe fraîche 101	Sauté d'agneau aux pruneaux et aux pommes	Glace au chocolat Financiers 228
Menu d'hiver	Velouté de cresson 116	Sauté d'agneau aux pruneaux et aux pommes	Le tiramisù des copains 204

Agneau au lait de coco
et aux amandes

Épicez-vous la vie…
Cette mousson de plaisir vous emportera jusqu'à Bombay !

Pour 4 personnes

La veille

Préparation : 15 min

Cuisson : 1 h

Le jour J

Il suffit de réchauffer !

INGRÉDIENTS

- 1 épaule d'agneau
- 1 gros oignon
- 2 gousses d'ail
- 3 cuil. à soupe de gingembre râpé frais ou surgelé
- 35 cl de lait de coco
- 2 yaourts bulgares
- 65 g de beurre
- 75 g de poudre d'amande
- 1 dose de filaments de safran
- 2 bâtonnets de cannelle
- 6 clous de girofle
- 1 cuil. à soupe de graines de cardamome

La veille

- Pelez, émincez finement l'oignon. Réservez-le dans une petite assiette.
- Faites fondre le beurre dans une cocotte. Ajoutez la cannelle, les clous de girofle, la cardamome. Faites revenir 1 min sans cesser de remuer. Ajoutez l'oignon et faites-le cuire tranquillement jusqu'à ce qu'il devienne translucide.
- Pendant ce temps, pelez l'ail et ôtez le germe.
- À l'aide d'une cuillère en bois, poussez les oignons et épices sur le bord de la cocotte.
- Versez au centre de celle-ci le gingembre râpé et les gousses d'ail passés au presse-ail.
- Remuez pendant 2 min et, au dernier tour de cuillère, mêlez à nouveau aux oignons et épices. Réservez le contenu de la cocotte dans une assiette.
- Utilisez la même cocotte. Faites dorer les morceaux de viande de toutes parts. Puis ajoutez le contenu de l'assiette à la viande.
- Dans un bol, mélangez les yaourts, le safran, le piment de Cayenne. Dans un autre bol, mélangez la poudre d'amande et un peu d'eau pour obtenir une pâte lisse.
- Versez le contenu des bols dans la cocotte, pensez à saler. Laissez mijoter pendant 15 min.

1/2 cuil. à café de piment de Cayenne

1 cuil. à café de sel

Chez votre boucher

Demandez à votre boucher de bien dégraisser l'épaule d'agneau et de préparer des morceaux de la taille d'un œuf.

- Terminez en ajoutant le lait de coco.
- Poursuivez la cuisson environ 40 min, en couvrant la cocotte seulement pendant les 10 dernières minutes.

Le jour J

C'est fini ou presque !

- Attention… Il faut juste réchauffer l'agneau, il ne doit pas recuire !
- Goûtez. Vous allez voir… C'est un délice de saveurs. Rectifiez l'assaisonnement si nécessaire.
- Servez bien chaud.

Suggestion d'accompagnement

Riz basmati cuit à la vapeur.

Bon à savoir

Ce plat se congèle très bien. Il suffit de le sortir le matin et de le réchauffer doucement.

Au menu	Entrée	Plat	Dessert
Menu d'été	Marinade de poivrons aux anchois 106	Agneau au lait de coco et aux amandes Riz basmati	Vacherin express 211
Menu indien	Velouté de lentilles 114	Agneau au lait de coco et aux amandes Riz basmati	Infusion de fruits secs au thé Earl Grey et à la cannelle 192
Menu chic	Velouté de cresson 116	Agneau au lait de coco et aux amandes Riz basmati	Petits soufflés glacés au chocolat 208

Le curry d'agneau d'Indira

Vous allez vous régaler à réussir une fois de plus ce curry. Tout le monde vous en redemandera, même ma copine Indira !

Pour 4 personnes

La veille

Préparation : 15 min

Cuisson : 1 h

Le jour J

Il suffit de réchauffer le plat et de cuire le riz

INGRÉDIENTS

- 1 kg d'épaule d'agneau dégraissée, coupée en petits morceaux
- 300 g de riz basmati
- 1 botte d'oignons nouveaux
- 1 brin de thym
- 1 feuille de laurier
- 50 g de raisins secs
- 1 cuil. à soupe de pistaches émondées
- 70 g de pâte de curry (au rayon condiments de votre supermarché)
- 2 cuil. à soupe de crème fraîche épaisse

La veille

- Dégraissez la viande à nouveau. Le boucher laisse toujours trop de gras… Il ne faut pas toutefois tout enlever ! À vous de doser selon votre goût.
- Pelez et émincez finement la botte d'oignons.
- Mettez l'huile d'olive à chauffer dans une cocotte. Faites-y revenir les oignons à feu doux et à couvert, jusqu'à ce qu'ils deviennent translucides.
- Découvrez la cocotte, poursuivez la cuisson le temps qu'ils blondissent. Réservez.
- Faites dorer de tous les côtés les morceaux d'agneau 10 min à feu vif. Salez, poivrez.
- Ajoutez les oignons, la pâte de curry, mélangez. Saupoudrez d'une cuillerée à soupe de farine.
- Délayez avec le 1/2 verre de bouillon de veau en tablette et le verre de muscadet. Ce geste doit se dérouler progressivement en remuant avec une cuillère en bois pour éviter la formation de grumeaux.
- Lavez les raisins secs, ajoutez-les à la viande ainsi que le laurier et le thym.
- Laissez mijoter à feu doux 1 h 30. Réservez jusqu'au lendemain.

1 cuil. à soupe de farine

1/2 verre de bouillon de veau en tablette

1 verre de muscadet

3 cuil. à soupe d'huile d'olive

Sel, poivre du moulin

Le jour J

▸ Réchauffez le curry à feu doux. Attention de ne pas le faire recuire, l'agneau perdrait tout son moelleux.

▸ Au moment de servir, liez la sauce avec 2 cuil. à soupe de crème fraîche. Portez à ébullition 2 min. Versez le curry dans un plat creux.

▸ Servez sans attendre.

▸ Accompagnez du riz parsemé de pistaches émondées, juste pour la déco !

Petit plus

Savant dosage de curry, gingembre, ail, curcuma, etc., la pâte de curry donne à votre sauce une onctuosité que l'on n'obtient pas avec le curry en poudre. Et, puisque vous êtes au rayon condiments de votre supermarché préféré, je vous propose d'ajouter un plus : choisissez des **achards de légumes** que vous n'oublierez pas de servir dans une coupelle, en même temps que le curry.

Suggestions d'accompagnement

▸ Riz basmati (à défaut, riz thaï) cuit à la vapeur. Vous avez un « rice cooker » ? Utilisez-le, c'est le moment ! Comptez 80 g de riz cru par personne.

▸ Des petits bols avec achards, noix de coco fraîche râpée, etc.

Au menu	Entrée	Plat	Dessert
Menu d'automne	Velouté de potiron 112	Le curry d'agneau d'Indira Riz basmati	Confit de pommes vanillées à la cannelle 190
Menu indien	Mini-brochettes de poulet tikka 86	Le curry d'agneau d'Indira Riz basmati	Coupe de fruits exotiques 180 Croustillants aux pistaches 223
Menu de copains	Ma tapenade 100 Confit d'aubergine 98 Pain de campagne	Le curry d'agneau d'Indira Riz basmati	Le tiramisù des copains 204

Rôti de bœuf à la poêle

Déshabillez-vous...
Enfilez un jean et un tee-shirt.
Ouvrez la fenêtre, cette recette ne manque pas d'air !
Ne stressez pas,
vous avez déjà préparé
l'entrée et le dessert la veille.

Pour 6 personnes

Le jour J

PRÉPARATION : 1 min

CUISSON : 25 min

INGRÉDIENTS

1,2 kg de rôti de bœuf, sans barde et de forme cylindrique

60 g de beurre

Sel et poivre du moulin

Le jour J

- Faites fondre à feu vif le beurre dans une poêle.
- Posez le rôti dans la poêle. Vous pouvez aussi utiliser une cocotte pour limiter les projections ! Surtout, ne soyez pas tenté de couvrir la poêle !
- Comptez 5 min, puis tournez le rôti d'un quart de tour, dans le sens des aiguilles d'une montre, toutes les 5 min jusqu'au terme de la cuisson (25 min). L'odeur de graillon ne doit pas vous impressionner et la couleur du beurre non plus. De toute façon, la fenêtre est ouverte et le beurre noirci restera dans la poêle ! Petit à petit, une croûte va se former autour du rôti pour enfermer le jus et les sucs contenus dans la viande.
- Une fois la cuisson terminée, couvrez le rôti d'une feuille de papier d'alu. Laissez ainsi la viande se détendre pendant 5 min.
- Découpez le rôti à l'aide d'un bon couteau en tranches fines et régulières.
- Salez et poivrez.

Idée gourmande

Et si vous prépariez un beurre maître d'hôtel ? Attention ! Si vous souhaitez le servir avec le rôti, préparez-le avant la viande. Malaxez avec une fourchette 100 g de beurre mou et 1 cuil. à soupe de persil finement haché. Ajoutez 1 filet de jus de citron, salez et poivrez. Réservez au réfrigérateur à l'abri de l'air.

Suggestions d'accompagnement

- *Mon gratin dauphinois* (p. 122).
- Les grands classiques, comme la purée, les haricots verts…

Au menu	Entrée	Plat	Dessert
Menu d'été	Le flan du pêcheur 30	Rôti de bœuf à la poêle Haricots verts	Fraises au gingembre confit 186 Glace au miel
Menu traditionnel	Velouté de cresson 116	Rôti de bœuf à la poêle Mon gratin dauphinois 122	Glace à la vanille Croustillants aux amandes 222
Menu tout froid	Terrine de courgettes à la menthe fraîche 101	Rôti de bœuf à la poêle Salade verte	Pêches et abricots aux épices 194 Financiers 228

Magrets de canard au miel d'acacia

Personne ne peut prévoir ce que demain nous réserve.
Mais vous pouvez déjà inviter quelques amis.
De ceux qui comptent dans votre vie.
Emmenez-les dans l'univers du goût. Faites-leur découvrir
saveurs et senteurs, en leur offrant ces magrets
habillés de miel d'acacia.

Pour 4 personnes

Le jour J

PRÉPARATION : 5 min

CUISSON : 10 + 5 min

INGRÉDIENTS

2 magrets de canard

4 cuil. à soupe d'un bon vinaigre de vin

2 cuil. à soupe de miel d'acacia

Sel, poivre du moulin

Le jour J

- Posez les magrets sur la planche à découper côté chair. Choisissez votre meilleur couteau. Entaillez la peau en traçant des diagonales dans un sens puis dans l'autre. Totale est ma confiance en votre dextérité. Il est primordial de ne pas entailler la chair. Le magret perdrait son jus.
- Salez, poivrez les magrets côté chair. Vous avez une hotte ? C'est le moment de la mettre en route. Ouvrez la fenêtre, fermez la porte.
- Faites chauffer à sec et à feu vif une poêle antiadhésive. Posez dans la poêle les magrets côté peau. Laissez-les cuire sur feu moyen 7 à 9 min. La cuisson varie selon leur taille.
- Jetez la graisse rendue par les magrets.
- Retournez-les, faites-les cuire 4 min.
- Enveloppez les magrets dans une feuille de papier d'alu. Ces quelques minutes vont donner le temps à la viande de se détendre.
- Jetez à nouveau la graisse.
- Versez dans la poêle le vinaigre de vin. Portez à ébullition, sur feu moyen. Cela vous prendra une pincée de secondes. Ajoutez le miel d'acacia.

- Mélangez à l'aide d'une spatule en bois, tout en décollant les sucs de cuisson qui adhèrent à la poêle. Réservez.
- Ouvrez le papier d'alu avec précaution. Versez dans la poêle le jus rendu par les magrets.
- Posez les magrets sur la planche à découper côté peau dessus. Faites des tranches fines et de biais avec votre meilleur couteau. Versez dans la poêle le jus rendu durant la découpe.
- Présentez les tranches « à l'assiette » ou sur le plat de service choisi. Et bien sûr vous avez chauffé le plat ou les assiettes… Histoire de dire que vous ne vous êtes pas donné tout ce mal pour rien !
- Réchauffez la sauce quelques secondes.
- Versez-la sur les magrets.

Suggestions d'accompagnement

- Une *Confiture d'oignons aux raisins de Corinthe et à la gelée de groseille* (p. 96).
- Des quartiers de pommes dorés au beurre.
- Des lamelles de pommes de terre sautées à la graisse d'oie.

Au menu	Entrée	Plat	Dessert
Menu d'automne	Velouté de potiron 112	Magrets de canard au miel d'acacia	Le tiramisù des copains 204
Menu traditionnel	Ma ratatouille froide 126	Magrets de canard au miel d'acacia	Crème caramel 202
Menu chic	Velouté de cresson 116	Magrets de canard au miel d'acacia	Petits pots de crème safranée au miel 200

Canette de Barbarie aux pommes
et au calvados

Pas vu, pas pris !
Substituez discrètement le calva de votre cher et tendre.
Vous ajouterez ainsi à la sauce une note qui vient
on ne sait d'où…

Pour 4 personnes

Le jour J

Préparation : 25 min

Cuisson : 1 h 15

INGRÉDIENTS

1 canette de Barbarie de 1,3 kg

8 petites pommes (clochard ou reinette)

100 g de beurre

10 cl de crème fraîche épaisse

3 cuil. à soupe d'huile

1 petit verre de calvados

Sel, poivre du moulin

Le jour J

La canette

▶ Sortez 100 g de beurre du réfrigérateur.

▶ Salez, poivrez l'intérieur de la canette.

▶ Versez l'huile dans une vaste cocotte en fonte.

▶ Faites dorer la canette, sur feu moyen, de toutes parts pendant 15 min environ. Jetez la graisse rendue. Baissez le feu, couvrez, poursuivez la cuisson 30 min en retournant la volaille plusieurs fois.

Les pommes

▶ Pelez les pommes, partagez-les en deux, évidez-les.

▶ Enduisez les fruits avec 100 g de beurre mou. Évitez de laisser noircir les pommes. N'attendez pas. Beurrez-les immédiatement.

▶ Placez-les autour de la canette.

▶ Couvrez, poursuivez la cuisson 30 min.

▶ Retournez la canette une fois encore, en faisant attention de ne pas écraser les pommes.

C'est fini ou presque !

- Allumez le four (90 °C, th. 3) 15 min avant la fin de la cuisson de la volaille.
- Découpez la canette.
- Placez les morceaux sur le plat de service entourée de pommes.
- Enfournez le plat, le temps de préparer la sauce.
- Versez dans la cocotte 1 petit verre de calvados et la crème fraîche. Portez à ébullition doucement 2 min. Goûtez, rectifiez l'assaisonnement si nécessaire.
- Servez en saucière.

Suggestion d'accompagnement

Les pommes, bien sûr.

Au menu	Entrée	Plat	Dessert
Menu d'été	Filets de sardine au citron vert et au basilic 36	Canette de Barbarie aux pommes et au calvados	Petits soufflés glacés au chocolat 208
Menu d'automne	Les petites gougères 176	Canette de Barbarie aux pommes et au calvados	Infusion de fruits secs au thé Earl Grey et à la cannelle 192
Menu traditionnel	Fines lamelles de saumon sauvage à l'aneth 38	Canette de Barbarie aux pommes et au calvados	Crème caramel 202

Jarret de porc Shantung

Un nouvel esprit souffle dans votre cuisine…
Laissez-vous surprendre !
Saveurs vibrantes et subtiles… vont vous interpeller.

Pour 4 personnes

La veille

Préparation : 10 min

Marinade : 1 h

Cuisson : 1 h 30

Le jour J

Il suffit de réchauffer le plat et de cuire le riz

INGRÉDIENTS

- 1 jarret de porc de 1,5 kg environ
- 150 g de poitrine fumée
- 2 tomates
- 4 carottes
- 1 poireau
- 10 brins de coriandre fraîche
- 2 cuil. à soupe de gingembre râpé frais ou surgelé
- 2 cuil. à café rases de graines de fenouil
- 10 cl de vin blanc sec
- 20 cl de sauce de soja

La veille

Le jarret

◗ Demandez à votre charcutier de désosser la viande, de la couper en gros morceaux. Gardez l'os, vous en aurez besoin un peu plus loin. Surtout, n'utilisez pas un jarret demi-sel. Le jarret demi-sel plus la sauce soja, ce serait un désastre !

La marinade

◗ Détaillez la poitrine fumée en lardons. Mettez-les avec la viande dans une cocotte.

◗ Partagez la compresse en deux pour verser dans chaque moitié 1 cuil. à café de graines de fenouil. Liez ces petits ballotins avant de les poser sur la viande avec le gingembre.

◗ Ajoutez le poireau lavé, coupé en julienne (petits bâtonnets) et l'os.

◗ Recouvrez l'ensemble avec le vin blanc sec et la sauce soja mélangée au sucre en poudre. Surtout ne salez pas. La sauce soja l'est suffisamment.

◗ Laissez reposer la marinade 1 h.

La cuisson de la viande

◗ Posez la cocotte sur feu doux et faites cuire la viande tranquillement pendant 1 h 30.

2 cuil. à soupe de sucre en poudre

Pour accompagner

300 g de riz thaï

MATÉRIEL PARTICULIER

1 compresse

▸ Pendant ce temps, plongez les tomates 20 s dans une casserole d'eau bouillante, puis passez-les sous l'eau froide avant de les peler, les couper en quartiers et ôter les graines. Épluchez les carottes et coupez-les en bâtonnets.

▸ À mi-cuisson de la viande, ajoutez les tomates et les bâtonnets de carottes, sans oublier de remuer de temps en temps.

▸ Laissez refroidir et réservez au frais.

Le jour J

▸ Faites réchauffer.

▸ Présentez le jarret de porc Shantung dans un plat plutôt creux. Parsemez-le de feuilles de coriandre pour la touche finale.

Suggestion d'accompagnement

Riz thaï cuit à la vapeur. Comptez 80 g de riz cru par personne. Fini, le riz gorgé d'eau. Demandez au Père Noël un « rice cooker ». Vous ne pourrez plus vous en passer ! Ne salez pas l'eau du riz.

Au menu	Entrée	Plat	Dessert
Menu d'été	Ma ratatouille froide 126	Jarret de porc Shantung	Coupe de fruits printemps-été 181
Menu chinois	Crevettes à la sauce tomate-gingembre 48	Jarret de porc Shantung	Coupe de fruits exotiques 180
Menu de copains	Confit d'aubergine 98 Pain de campagne	Jarret de porc Shantung	Le gâteau au chocolat de ma voisine préférée 216

Mignons de porc aux 2 raisins

Il n'y aura pas de pépins
dans cette escapade gourmande !
Bien sûr, vous aurez préparé l'entrée et le dessert la veille.

Pour 4 personnes

Le jour J

PRÉPARATION : 15 min

CUISSON : 5 min

INGRÉDIENTS

- 1 filet mignon de porc d'environ 700 g
- 2 cuil. à soupe de raisins de Corinthe
- 2 cuil. à soupe de raisins de Smyrne
- Quelques feuilles de persil plat
- 100 g de crème fraîche liquide
- 20 g de beurre
- 1 cuil. à café d'huile
- 5 cl de marc de bourgogne
- Sel, poivre du moulin

Le jour J

Le filet

▶ Lavez les raisins de Corinthe et de Smyrne sous un filet d'eau. Faites-les gonfler 15 min dans un bol d'eau bien chaude.

▶ Dégraissez le filet mignon. Découpez-le en médaillons de 2,5 cm d'épaisseur. Salez, poivrez.

▶ Faites chauffer dans une sauteuse le beurre et l'huile. Déposez les mignons de porc dans la sauteuse et faites-les dorer 2 min de chaque côté à feu vif. Retirez-les de la poêle, réservez-les dans un plat pendant 5 min en les couvrant d'une feuille de papier d'alu. La viande doit se détendre.

▶ Jetez la graisse de cuisson.

▶ Rallumez le feu. Versez les 5 cl de marc de bourgogne dans la sauteuse. Flambez le marc à l'aide d'une allumette. Surtout, n'allumez pas votre hotte. Attention ! Le marc de bourgogne est un alcool à 45°. De grandes flammes vont jaillir de la sauteuse.

▶ Quand il n'y a plus de flammes, ajoutez les mignons et les raisins secs égouttés.

▶ À l'aide d'une spatule en bois, décollez les sucs caramélisés accrochés au fond de la sauteuse. Versez la crème fraîche. Portez doucement à frémissement. Goûtez, rectifiez l'assaisonnement si nécessaire.

C'est fini ou presque !

◗ Présentez les mignons dans le plat de service chaud.

◗ Répartissez la garniture autour.

◗ Versez la sauce sur les filets mignons et terminez par quelques feuilles de persil subtilement réparties.

Suggestions d'accompagnement

◗ Des pommes de terre à chair ferme de type rattes ou charlottes cuites à la vapeur, coupées en rondelles et réparties autour des mignons de porc. La cuisson des pommes de terre à la vapeur présente deux avantages. Tout d'abord, elles ne se gorgent pas d'eau. Ensuite, cela vous permet de les garder au chaud. Une pomme de terre réchauffée n'a qu'une seule destination possible : la poubelle !

◗ *Mon gratin dauphinois* (p. 122).

◗ Des tagliatelles fraîches (70 g par personne avant cuisson).

Au menu	Entrée	Plat	Dessert
Menu d'été	Ma ratatouille froide 126	Mignons de porc aux 2 raisins	Sorbets de fruits rouges au choix
Menu de copains	Petits légumes du soleil 129	Mignons de porc aux 2 raisins	Le tiramisù des copains 204

Le poulet de grand-mère

Ah ! qu'il est bon le poulet de mon enfance !
À vos paniers, ménagères !
Trouvez une belle bête. Dénichez l'oiseau rare…
Cela fera le succès de cette recette.
Et ne vous inquiétez pas pour l'organisation de votre repas,
vous n'aurez presque rien à préparer le jour J
si vous avez pris soin de réaliser l'entrée et le dessert la veille.

Pour 4 personnes

Le jour J

PRÉPARATION : 15 min

CUISSON : 1 h 15

INGRÉDIENTS

- 1 poulet fermier
- 100 g de bonne saucisse de Toulouse
- 15 gousses d'ail
- 20 olives vertes dénoyautées
- 1 quignon de pain rassis
- 5 cuil. à soupe d'huile d'olive
- Sel, poivre du moulin

Chez votre volailler

Demandez-lui de préparer le poulet. Conservez le foie, le cœur et le gésier.

Le jour J

Le poulet

- Allumez le four (180 °C, th.6). Salez et poivrez l'intérieur du poulet.
- Dans une poêle, versez l'huile d'olive. Faites dorer à feu moyen le gésier, le cœur, la saucisse coupée en morceaux, 5 gousses d'ail pelées et les olives.
- Ajoutez le foie que vous devez saisir rapidement de part et d'autre. Il est tout à fait possible que vous n'aimiez pas les abats. Même si vous ne les mangez pas, préparez-les. La volaille n'en sera que meilleure. Remplissez le poulet avec le contenu de la poêle.
- Bouchez le trou avec un quignon de pain rassis frotté à l'ail.
- Posez le poulet dans le plat destiné à aller au four. Arrosez-le d'huile d'olive. Salez-le et n'oubliez pas d'ajouter dans le plat 10 gousses d'ail en chemise.
- Enfournez pour 1 h 15 en le retournant à mi-cuisson.

C'est fini ou presque !

◗ Inclinez le poulet afin de le vider de son jus. Posez la volaille sur une planche à découper. Découpez ou faites découper le poulet. Placez-le sur le plat de service choisi. Réservez-le dans le four, porte entrouverte.

◗ Décollez avec une spatule en bois les sucs adhérant au fond du plat de cuisson.

◗ Servez le jus en saucière.

Suggestions d'accompagnement

Des plus classiques : purée, frites, haricots verts, *Mon gratin dauphinois* (p. 122).

Au menu	Entrée	Plat	Dessert
Menu d'été	Terrine de courgettes à la menthe fraîche 101	Le poulet de grand-mère Haricots verts	Sorbet à l'abricot
Menu d'hiver	Rillettes aux 2 saumons 32	Le poulet de grand-mère Purée	Crème caramel 202
Menu du dimanche	Petits légumes du soleil 129	Le poulet de grand-mère Mon gratin dauphinois 122	Pêches et abricots aux épices 194
Menu enfants	Ma ratatouille froide 126	Le poulet de grand-mère Purée	Brioches en perdition 240

Poule sauce suprême

Sans transition,
passez d'une longue journée au bureau
à un dîner comme autrefois... Sentez-vous parfaitement à l'aise
Préparez ma poule la veille.

Pour 6 personnes

La veille

Préparation : 20 min

Cuisson : 2 h

Le jour J

Préparation : 12 min

Cuisson : 15 min

INGRÉDIENTS

1 poule fermière
6 carottes
1 petit poireau
1 branche de céleri
1/2 citron (jus)
3 oignons moyens
3 ou 4 brins de thym
1/2 feuille de laurier
1 clou de girofle
2 jaunes d'œufs
30 g de beurre
20 cl de crème fraîche épaisse
2 cuil. à soupe de farine
Sel fin
8 grains de poivre

La veille

- Demandez au volailler de vider et brider la poule. Posez-la dans une cocotte suffisamment vaste pour l'accueillir ainsi que les légumes. Recouvrez-la de 3 litres d'eau froide.

- Portez à ébullition sur feu vif, sans oublier d'écumer régulièrement. Pour gagner du temps, couvrez partiellement la cocotte.

- Pelez les carottes, les oignons et le poireau. Lavez-les. Coupez les carottes en deux ou trois suivant leur taille. Passez-les sous un filet d'eau fraîche.

- Mettez tous les légumes dans la cocotte, y compris la branche de céleri entière ou coupée en deux, le sel, les grains de poivre, le thym, le laurier et le clou de girofle. Couvrez la cocotte, laissez cuire 1 h 30 à feu doux. Réservez.

Le jour J

La poule et le riz

- Dégraissez le bouillon avant d'y réchauffer la poule.

- Lavez le riz. Plongez-le 2 min dans de l'eau bouillante salée. Indispensable ce barbotage pour enlever l'amidon ! Égouttez-le, puis faites-le cuire tranquillement 15 min dans deux fois et demie son volume de bouillon de poule

Pour accompagner

200 g de riz blanc cru

filtré. Ne vous éloignez pas. Surveillez la cuisson, remuez 2 ou 3 fois et éventuellement ajoutez du bouillon. Réservez au chaud.

La sauce

- Retirez la poule de son bouillon, réservez-la au chaud dans le four tiède. Passez le bouillon au chinois.
- Dans une casserole, faites fondre le beurre. Quand il est bien chaud, ajoutez la farine, remuez environ 1 min avec une spatule en bois. Baissez le feu. Mouillez progressivement avec 4 verres de bouillon. Si vous versez le bouillon trop vite, vous allez faire des grumeaux. Poursuivez la cuisson 10 min, toujours à feu doux, en remuant de temps en temps.
- Mélangez la crème fraîche, les jaunes d'œufs et le jus du demi-citron. Incorporez la liaison à la sauce.
- Goûtez, rectifiez l'assaisonnement si nécessaire.

Finition

- Découpez la volaille.
- Présentez la poule, le riz, les légumes dans un grand plat avec la sauce en saucière. Surtout, n'oubliez pas, il faut que cela soit joli !

Au menu	Entrée	Plat	Dessert
Menu traditionnel	Cocktail de crabe, pamplemousse et avocat 34	Poule sauce suprême Riz	Coupe de fruits automne-hiver 182 Croustillants aux amandes 222
Menu du dimanche	Millefeuille de tomate-mozzarella 104	Poule sauce suprême Riz	Confit de pommes vanillées à la cannelle 190

Brochettes de poulet tikka

Épicez-vous la vie sans trop de chichis !

Pour 4 personnes

La veille
PRÉPARATION : 5 min

Le jour J
CUISSON : 4 min

INGRÉDIENTS

4 blancs de poulet
2 yaourts
1 petit oignon
4 gousses d'ail
3 cuil. à soupe de gingembre râpé frais ou surgelé
2 cuil. à soupe de feuilles de coriandre
1 cuil. à soupe de coriandre en poudre
1/2 cuil. à café de piment de Cayenne
1/2 cuil. à café de sel

MATÉRIEL PARTICULIER

4 brochettes en métal

La veille

- Préparez la marinade : versez les yaourts dans un saladier. Pelez l'ail et l'oignon. Pressez l'ail directement dans le yaourt. Hachez très finement l'oignon. Incorporez-les au yaourt. Ajoutez le gingembre, le piment, la coriandre en poudre et 1/2 cuil. à café de sel. Mélangez l'ensemble.
- Coupez les blancs de poulet en morceaux de la taille d'une bouchée.
- Ajoutez les morceaux de poulet à la marinade et bien les mélanger. Couvrez et réservez au réfrigérateur.

Le jour J

Après une bonne nuit de sommeil !

- Faites chauffer le gril du four au maximum.
- Pendant ce temps, enfilez 5 ou 6 morceaux de poulet sur chaque brochette.
- Faites-les griller 2 min de chaque côte. L'idéal est de les retourner 4 fois. N'allez pas au-delà de ce temps de cuisson, la viande se dessécherait !
- Présentez dans des assiettes chaudes sans oublier de répartir sur les brochettes la coriandre finement ciselée.

Variantes

* **Mini-brochettes de poulet tikka.** En entrée, servez des mini-brochettes comprenant 3 petits morceaux de viande chacune. Présentez-les sur une chiffonnade de salade, à l'assiette.

* **Piques de poulet tikka.** Pour l'apéro, servez des bouchées individuelles que chacun attrapera à l'aide d'une petite pique en bois (ou cure-dents).

* **Brochettes de poulet tikka au garam massala.** Ajoutez à la marinade 1 cuil. à café de garam massala, ce mélange d'épices subtilement dosé très utilisé en Inde.

Au menu	Entrée	Plat	Dessert
Menu de printemps-été	Brochettes de poulet tikka	Ma ratatouille 126	Le tiramisù des copains 204
Menu de copains	Terrine de courgettes à la menthe fraîche 101	Brochettes de poulet tikka	Confit de pommes vanillées à la cannelle 190
Menu indien	Mini-brochettes de poulet tikka	Le curry d'agneau d'Indira 70	Coupe de fruits exotiques 180 Petits sablés au gingembre 227
Menu en duo	Mini-brochettes de poulet tikka	Petite daurade royale à l'ail et aux petits oignons nouveaux 50	Petits pots de crème safranée au miel 200

Tendron de veau aux olives

Flâner au hasard des saveurs…
Humer le temps qui passe…

Pour 6 personnes

La veille

Préparation : 15 min

Cuisson : 2 h 40

Le jour J

Il suffit de réchauffer !

INGRÉDIENTS

1,5 kg de tendron de veau

1 kg de tomates

1 oignon

6 gousses d'ail

7 ou 8 brins de thym

1 feuille de laurier

200 g d'olives de Nice

200 g d'olives vertes marinées au piment

5 cuil. à soupe d'huile d'olive

2 cuil. à soupe de vinaigre balsamique

2 doses de safran en poudre

Sel, poivre du moulin

La veille

Le tendron

- Préchauffez le four à 150 °C (th. 5).
- Lavez, pelez les tomates avec un couteau économe. Coupez-les en deux horizontalement pour les épépiner soigneusement, puis coupez-les en morceaux.
- Épluchez et hachez finement l'oignon.
- Dans une cocotte, faites chauffer l'huile d'olive.
- Salez et poivrez le tendron. Saisissez la viande de toutes parts dans la cocotte. Ouvrez grand vos yeux. Il faut qu'elle soit d'un joli brun irrégulier !

Épices et aromates

- Versez le vinaigre balsamique dans la cocotte. Ajoutez l'oignon haché, les gousses d'ail en chemise, les olives de Nice, les olives au piment, le safran, le thym et la feuille de laurier réunis en un bouquet, terminez par les tomates.
- Laissez cuire environ 10 min. Mouillez avec 40 cl d'eau chaude. Remuez une dernière fois.
- Couvrez, enfournez pour 2 h 30, pensez simplement à retourner la viande à mi-cuisson.
- Surveillez la cuisson, c'est impératif. La cocotte vous demandera peut-être de rajouter un peu d'eau !

- Quand le tendron est cuit, laissez-le refroidir et réservez au réfrigérateur.

Le jour J

- Réchauffez le tendron tranquillement. Attention, ne pas le laisser recuire !

Suggestions d'accompagnement

- *Mon gratin dauphinois*, p. 122.
- *Gratin de courgettes au basilic*, p. 124.
- Pommes de terre à chair ferme cuites à la vapeur.

Au menu	Entrée	Plat	Dessert
Menu d'été	Confit d'aubergine 98 Ma tapenade 100 Pain de campagne	Tendron de veau aux olives	Fruits rouges du jardin de mes voisins 183
Menu de printemps	Les 10 petits calmars 28	Tendron de veau aux olives	Vacherin express 211
Menu d'automne	Velouté de potiron 112	Tendron de veau aux olives	Tarte sablée tout chocolat 219
Menu de copains	Rillettes aux 2 saumons 32	Tendron de veau aux olives	Petits soufflés glacés au chocolat 208

Ma blanquette de veau

On se détend… On se maquille… On prend son temps.
Jouez les « sleeping beauty ».
Anticipez, préparez ce dîner la veille.

Pour 6 personnes

La veille

Préparation : 15 min

Cuisson : 1 h 15

Le jour J

Cuisson : 15 min

INGRÉDIENTS

1,250 kg d'épaule de veau
200 g de champignons de Paris
4 carottes
1/2 citron (jus)
8 oignons nouveaux
2 brins de thym
1 feuille de laurier
1 jaune d'œuf
60 g de beurre
3 cuil. à soupe de crème fraîche épaisse
3 cuil. à soupe de farine
1 verre de vin blanc sec
Sel, poivre du moulin

La veille

- Dans une cocotte, faites chauffer 75 cl d'eau avec 1 verre de vin blanc. Salez et poivrez.
- Pelez les carottes, les oignons nouveaux tout en gardant environ 2 cm de tige. S'ils sont trop gros, coupez-les en deux ou en quatre. Coupez les carottes en bâtonnets, juste pour changer des rondelles. Versez les légumes dans la cocotte sans oublier d'ajouter le thym et la feuille de laurier coupée en deux. Portez à ébullition pendant environ 15 min.
- Ajoutez les morceaux de viande, couvrez. Poursuivez la cuisson 30 min, sans oublier d'écumer une ou deux fois.
- Égouttez la viande, réservez-la dans un plat.
- Faites fondre 40 g de beurre dans une casserole. Baissez le feu. Ajoutez la farine sans cesser de remuer pendant 2 min environ. La farine doit à peine blondir. Mouillez progressivement avec le bouillon, tout en remuant grâce à votre spatule en bois. Attention aux grumeaux ! La spatule permet de bien racler le fond de la casserole.
- Posez les morceaux de viande dans la cocotte. Versez la sauce dessus. Laissez mijoter à feu doux 30 min.
- Pensez à couvrir. Réservez.

Bon à savoir

- Vous gagnerez en goût si vous achetez la crème fraîche épaisse, à la louche, chez votre fromager.
- Vous avez oublié le citron ? Pas de panique ! Remplacez-le par 2 cuil. à soupe d'un bon vinaigre de vin.

Suggestions d'accompagnement

- Riz thaï. Pour le cuire, rien ne vaut la vapeur, alors utilisez votre « rice-cooker » !
- Pommes de terre à chair ferme. Faites-les précuire à la vapeur. Terminez leur cuisson dans la sauce de la blanquette.

Le jour J

- Faites cuire la blanquette 15 min environ. Attention, ne l'oubliez pas. La viande se dessécherait.
- Pendant ce temps, débarrassez les champignons de leurs bouts terreux avant de les passer sous un filet d'eau fraîche. Il est hors de question de les laisser barboter dans l'eau. Les champignons sont de véritables éponges.
- Faites fondre dans une poêle 20 g de beurre. Ajoutez les champignons coupés en deux ou en quatre, suivant leur taille, pour les faire revenir quelques minutes.
- Versez-les dans la cocotte, 10 min avant la fin de la cuisson de la viande.
- Dans un bol, mélangez la crème fraîche et le jus du demi-citron avec le jaune d'œuf. Versez dessus plusieurs cuillerées à soupe de sauce, puis reverser le contenu du bol dans la cocotte en remuant bien sûr ! Goûtez, rectifiez l'assaisonnement si nécessaire.
- Servez bien chaud.

Variante

* **Ma blanquette d'agneau.** Remplacez le veau par une épaule d'agneau et procédez de la même façon.

Au menu	Entrée	Plat	Dessert
Menu traditionnel	Tarte aux poireaux et aux lardons 140	Ma blanquette de veau	Crème caramel 202
Menu enfants	Salade de carottes râpées et oranges à la fleur d'oranger 108	Ma blanquette de veau	Glace à la vanille Quatre-quarts au zeste de citron 234
Menu du dimanche	Fines lamelles de saumon sauvage à l'aneth 38	Ma blanquette de veau	Confit de pommes vanillées à la cannelle 190

Sauté de veau aux 2 poivrons

« Poivronnez » vos désirs
pour sucrer vos attentes de plaisir.
N'hésitez pas, suivez-moi !

Pour 4 personnes

La veille

PRÉPARATION : 10 min

CUISSON : 1 h 10

Le jour J

FINITION : quelques minutes

INGRÉDIENTS

800 g d'épaule de veau

1 poivron vert

1 poivron rouge

3 tomates

2 beaux oignons

20 cl de crème fraîche

4 cuil. à soupe d'huile d'olive

1 cuil. à soupe de paprika

Sel, poivre du moulin

La veille

Les légumes

- Épluchez et émincez finement les oignons.
- Pelez les poivrons avec un couteau économe. La peau du poivron est épaisse. Je préfère l'enlever. Coupez-les en deux. Enlevez le pédoncule et tous les pépins qui se baladent ! Détaillez-les en grosses lamelles.
- Lavez, pelez les tomates avec un couteau économe. Coupez-les en deux horizontalement pour les épépiner soigneusement, puis coupez-les en morceaux.
- Versez 2 cuil. à soupe d'huile d'olive dans une cocotte. Quand l'huile est chaude, ajoutez les oignons. Faites-les suer tranquillement quelques minutes à couvert.
- Enlevez le couvercle, poursuivez la cuisson le temps qu'ils dorent légèrement. Pensez à remuer !
- Réservez les oignons dans une assiette.

La viande

- Coupez la viande en gros morceaux.
- Versez 2 cuil. à soupe d'huile d'olive dans la cocotte. Dès que l'huile est chaude, ajoutez la viande. Faites dorez les morceaux de tous les côtés.

- Rassemblez viande, tomates et poivrons. Saupoudrez de 1 cuil. à soupe de paprika.
- Salez, poivrez, mélangez. Couvrez et laissez mijoter tranquillement 1 h.
- Quand la viande est cuite, laissez refroidir et réservez au réfrigérateur.

Le jour J

C'est terminé ou presque !

- Faites réchauffer le sauté de veau sans le faire recuire.
- Ajoutez le pot de crème fraîche. Remuez, laissez bouillir quelques minutes, le temps que la sauce épaississe.
- Servez sans attendre dans un plat creux.

Suggestion d'accompagnement

Riz thaï nature. Comptez 80 g de riz cru par personne.

Au menu	Entrée	Plat	Dessert
Menu d'été	Filets de sardine au citron vert et au basilic 36	Sauté de veau aux 2 poivrons Riz thaï	Fruits rouges du jardin de mes voisins 183 Croustillants aux pistaches 223
Menu de copains	Rillettes aux 2 saumons 32	Sauté de veau aux 2 poivrons Riz thaï	Pêches et abricots aux épices 194
Menu de printemps	Cocktail de crevettes, pamplemousse et avocat 35	Sauté de veau aux 2 poivrons Riz thaï	Coupe de fruits printemps-été 181

Légumes

Confiture d'oignons
aux raisins de Corinthe et à la gelée de groseille

*On connaît l'oignon pour sa soupe, sa tarte…
Plus que jamais, placez-vous sous le signe de l'éveil des sens.
Découvrez un autre monde de saveurs.*

Pour 1 kg d'oignons

Un mois avant si vous en avez envie !

PRÉPARATION : 15 min

CUISSON : 2 h 30

INGRÉDIENTS

- 1 kg d'oignons blancs
- 1 cuil. à soupe de gingembre râpé frais ou surgelé
- 100 g de raisins de Corinthe
- 50 g de beurre
- 150 g de gelée de groseille
- 50 g de miel
- 15 cl de vinaigre de vin
- 5 cl de vinaigre balsamique
- 6 cuil. à soupe d'huile d'olive
- Sel, poivre du moulin

Un mois avant (ou moins)

▸ Passez les raisins de Corinthe sous un filet d'eau. Mettez-les à gonfler dans un bol d'eau chaude.

▸ Pelez les oignons. Émincez-les, le plus finement possible. Je suppose que vous ne voulez pas pleurer. Utilisez votre robot ou vos lunettes de piscine !

▸ Dans une cocotte, faites chauffer l'huile d'olive et le beurre. Ajoutez les oignons pour les faire suer à feu doux et à couvert pendant 20 min. Les oignons vont devenir translucides et fondre tout doucement, sans se colorer.

▸ Remuez régulièrement avec une cuillère en bois. Chaque fois que vous soulevez le couvercle, laissez retomber l'eau de condensation dans la cocotte.

▸ Versez sur les oignons la gelée de groseille, le miel, le gingembre finement haché, du sel et du poivre. Remuez, couvrez et laissez frémir 10 min. Mouillez avec le vinaigre de vin et le vinaigre balsamique.

▸ Égouttez les raisins et ajoutez-les aux oignons.

▸ Baissez le feu, laissez cuire tranquillement, en remuant de temps en temps, pendant 2 h environ. Petit à petit, le jus va réduire, les oignons vont se confire.

◗ Versez la confiture d'oignons chaude dans des pots. Ils doivent être préalablement lavés et bien essuyés, tout comme les couvercles. Tout corps étranger fera moisir la conserve, notamment la miette de pain tombée par hasard…

◗ Fermez les pots, retournez-les immédiatement.

◗ Laissez-les refroidir.

◗ Conservez la confiture d'oignons au réfrigérateur dès le lendemain.

En accompagnement de

◗ *Magrets de canard au miel d'acacia* (p. 74).

◗ Un *Sauté d'agneau aux pruneaux et aux pommes* (p. 66).

◗ Un rôti de porc froid.

◗ Un foie gras mi-cuit.

◗ Une raclette.

◗ Un vieux gouda de 4 ans, un comté de 3 ans, un parmesan (Parmigiano-Reggiano) de 2 ans.

Au menu	Entrée	Plat	Dessert
Menu tout froid	Ma ratatouille froide 126	Rôti de porc froid Confiture d'oignons aux raisins de Corinthe et à la gelée de groseille	Nougat glacé / coulis de fruits rouges / framboises pour la déco
Menu de copains	Salade verte	Raclette Confiture d'oignons aux raisins de Corinthe et à la gelée de groseille	Coupe de fruits automne-hiver 182
Menu chic	Terrine de Saint-Jacques au beurre blanc 44	Magrets de canard au miel d'acacia Confiture d'oignons aux raisins de Corinthe et à la gelée de groseille Purée de pommes de terre	Petits pots de crème safranée au miel 200

Confit d'aubergine

Le soleil est au plus haut dans le ciel
Les aubergines bronzent dans les potagers.
Choisissez-les d'un violet éclatant, fraîchement cueillies.
Elles surprendront vos amis.

Pour 4 personnes

La veille

PRÉPARATION : 10 min

CUISSON : 1 h

Le jour J

C'est fini ou presque !

INGRÉDIENTS

6 aubergines
1 citron (jus)
1 belle gousse d'ail
3 brins de thym
5 cuil. à soupe d'huile d'olive
Sel, poivre du moulin

La veille

- Préchauffez le four à 180 °C (th. 6).
- Lavez, équeutez, pelez et coupez en gros cubes les aubergines. Placez-les dans une cocotte en fonte. Elle ne doit être remplie qu'à moitié, ça c'est mon secret.
- Pressez le jus de 1/2 citron sur les aubergines, pour éviter qu'elles ne noircissent.
- Ajoutez la gousse d'ail finement hachée, l'huile d'olive, du sel, du poivre, et effeuillez le thym.
- Mélangez, couvrez, et enfournez pour 1 h.
- Au sortir du four, après avoir été remuées, les aubergines doivent avoir l'aspect d'une purée.
- Goûtez, rectifiez l'assaisonnement si nécessaire. Le citron fait partie de l'assaisonnement.
- Laissez refroidir et réservez au réfrigérateur recouvert d'un film alimentaire.

Le jour J

- Réchauffez... ou pas !

En accompagnement de

- Un gigot d'agneau ou toute autre viande blanche.
- Sur des petits toasts pour l'apéro, laissez aller votre imagination en ajoutant une touche de couleur : lamelles de poivron rouge ou jaune, par exemple.

Au menu	Entrée	Plat	Dessert
Menu d'été	Confit d'aubergine	Dorade en croûte de sel 47 Pommes de terre vapeur	Vacherin express 211
Menu de copains	Confit d'aubergine	Ma blanquette d'agneau 91 Riz blanc	Petits moelleux au chocolat 218
Menu tout froid	Confit d'aubergine	Le flan du pêcheur 30 Salade verte	Variations glacées 214

Ma tapenade

Un bon pain du boulanger,
un petit verre de rosé…
Le tour est joué,
l'entrée est zappée !

Pour 4 à 6 personnes

La veille

Préparation : 15 min

Le jour J

Finition : 5 min

INGRÉDIENTS

250 g d'olives noires

1/2 citron (jus)

1 gousse d'ail

15 cl d'huile d'olive

Poivre du moulin

Pour servir

Pain de campagne

Baguette fraîche et croustillante

Tout bon pain peut servir de support

La veille

La tapenade version « mortier »

- Dénoyautez les olives noires. Pelez la gousse d'ail, ôtez le germe, hachez-la au couteau. Pilez l'ensemble dans un mortier.
- Ajoutez goutte à goutte l'huile d'olive sans cesser de remuer. L'addition de l'huile est progressive, pour ne pas saturer la tapenade. Le mélange doit rester homogène.
- Terminez par le jus de 1/2 citron. Poivrez.
- Goûtez, rectifiez l'assaisonnement si nécessaire.

La tapenade version « j'ai 3 minutes devant moi »

- Versez les ingrédients dans le bol de votre mixeur avec la moitié de l'huile d'olive.
- Incorporez progressivement l'huile restante tout en faisant tourner le mixeur.

Le jour J

- Avant l'arrivée de vos amis, toastez, toastez...

Terrine de courgettes
à la menthe fraîche

Hummm... Fin de l'hiver, une envie de fraîcheur,
de poésie gourmande
pour un menu entre amis.

Pour 10 personnes

La veille

PRÉPARATION : 15 min

CUISSON : 55 min (terrine) et 1 h (coulis)

Le jour J

Je démoule !

INGRÉDIENTS

1 kg de courgettes

1 beau bouquet de menthe fraîche

8 œufs entiers

Beurre pour le moule

4 cuil. à soupe d'huile d'olive

Sel poivre du moulin

La veille

Les courgettes

- Regardez-les attentivement avant de les acheter. Elles doivent être brillantes, fermes et intactes. Pas trop grosses, ni trop petites !
- Préchauffez le four à 210 °C (th. 7).
- Lavez menthe et courgettes. Séchez le bouquet dans l'essoreuse à salade. Réservez quelques feuilles dans un film alimentaire pour la déco. Vous les utiliserez demain.
- Enlevez les extrémités des courgettes. Tranchez finement quelques rondelles pour en tapisser le fond du moule. Partagez-les maintenant en quatre dans le sens de la longueur puis coupez les bâtonnets en petits morceaux.
- Faites chauffer l'huile d'olive dans une grande poêle pour y faire revenir les courgettes à feu vif environ 10 min.
- Réservez les courgettes dans une passoire.

La menthe...

- Effeuillez et ciselez finement le reste de la menthe. Ajoutez-la aux œufs battus. Salez poivrez.
- Mélangez délicatement les courgettes à l'omelette.

Pour le coulis

1 kg de tomates

3 belles gousses d'ail

1 brin de thym

1 petite feuille de laurier

4 cuil. à soupe d'huile d'olive

Sel, poivre du moulin

1 morceau de sucre (facultatif)

◗ Versez l'appareil dans un grand moule à cake préalablement beurré.

◗ Posez le moule dans un plat rempli d'eau (bain-marie). Enfournez pour environ 45 min.

◗ Vérifiez la cuisson en enfonçant la pointe d'un couteau fin. Laissez refroidir. Réservez au réfrigérateur.

Le coulis

◗ Lavez les tomates, coupez-les en deux horizontalement afin de les épépiner.

◗ Coupez-les en gros morceaux. Pelez les gousses d'ail et ôtez le germe.

◗ Faites chauffer 4 cuil. à soupe d'huile d'olive dans la cocotte. Ajoutez les tomates, l'ail grossièrement haché, le brin de thym, le laurier et un morceau de sucre si vous trouvez les tomates trop acides. Salez et poivrez.

◗ Couvrez et oubliez le coulis pendant 1 h. Pensez simplement à remuer 2 ou 3 fois.

Plus le coulis cuit longtemps et à petit feu, meilleur il est !

◗ Terminez en passant le tout au moulin à légumes grille fine (au robot, cela donnerait un velouté, pas un coulis). Réservez.

Le jour J

C'est fini ou presque !

◗ Démoulez. Pas mal les rondelles ! Et en plus cela permet à vos invités d'identifier votre terrine.

◗ Il vous reste 2 min. Très bien… Il me semble que quelques tomates cerises et les feuilles de menthe pourront apporter la touche finale.

Petit plus

Vous pouvez servir cette terrine « à l'assiette ». Placez une tranche de terrine au centre de chaque assiette, répartissez quelques cuillerées de coulis de tomate tout autour et décorez de quelques tomates cerises et quelques feuilles de menthe.

Au menu	Entrée	Plat	Dessert
Menu d'été	Terrine de courgettes à la menthe fraîche	Carré d'agneau aux herbes de l'été 64	Coupe de fruits printemps-été 181
Menu de copains	Terrine de courgettes à la menthe fraîche	Thon froid au poivron rouge, tomate et piment d'Espelette 57	Pêches et abricots aux épices 194
Menu du dimanche soir	Terrine de courgettes à la menthe fraîche	Émincé de fenouil au coulis de tomate 118	Vacherin express 211

Millefeuille de tomate-mozzarella

À livre ouvert ! Tournez les pages d'une tomate pour en faire un livre de saveur.

Pour 4 personnes

La veille

Préparation : 10 min

Le jour J

Préparation : 15 min

INGRÉDIENTS

2 boules de mozzarella de bufflonne

1 morceau de parmesan pour faire 150 g de copeaux

4 tranches fines de jambon de Parme

4 belles tomates

4 poignées de feuilles de mâche

3 feuilles de basilic

Pour la vinaigrette

3 cuil. à soupe de vinaigre balsamique

1/2 cuil. à café de moutarde forte

8 cuil. à soupe d'huile d'olive

2 pincées de sel

Poivre du moulin

La veille

- Préparez la vinaigrette : dans un bol, versez le vinaigre et le sel et mélangez jusqu'à ce que le sel soit bien dissous. Ajoutez la moutarde et un peu de poivre du moulin. Mélangez vivement, puis ajoutez l'huile d'olive et mélangez à nouveau.
- Lavez la mâche, essorez-la et réservez-la dans un sac en plastique.
- Dans votre élan, lavez les tomates, cela sera fait.

Le jour J

- Coupez la mozzarella en fines tranches.
- Enlevez la base des tomates pour les stabiliser. Découpez chaque tomate horizontalement en 4 rondelles.
- Dans chaque assiette, montez 1 millefeuille en alternant la base de la tomate, 1 lamelle de mozzarella, 1 rondelle de tomate… terminez par le chapeau de la tomate.
- Fixez l'ensemble avec une pique en bois.
- Répartissez la mâche autour des millefeuilles de tomate-mozzarella.
- Ajoutez le basilic ciselé à la vinaigrette, goûtez-la et rectifiez l'assaisonnement si nécessaire, puis versez-la sur l'ensemble.

Savoir-faire

Vous réaliserez très facilement les copeaux de parmesan avec un couteau économe.

◗ Apportez maintenant la touche finale, en découpant les tranches de jambon de Parme et en les chiffonnant élégamment avant de les poser dans les assiettes. Terminez par des copeaux de parmesan.

◗ Servez sans attendre.

Bon à savoir

◗ Pour ma vinaigrette, j'utilise de la « Moutarde fin gourmet » de chez Maille.

◗ Pour une vinaigrette allégée, respectez les mêmes proportions, en remplaçant 2 cuil. à soupe d'huile par 2 cuil. à soupe d'eau.

Au menu	Entrée	Plat	Dessert
Menu en duo	Millefeuille de tomate-mozzarella	Papillotes de saumon, fèves et petits lardons au beurre de ciboulette 40	Petits soufflés glacés au chocolat 208
Menu de copains	Millefeuille de tomate-mozzarella	Poule sauce suprême 84	Crumble « too much » 196
Menu du dimanche soir	Millefeuille de tomate-mozzarella	Grande gougère 175 Salade verte	Confit de pommes vanillées à la cannelle 190
Menu d'été	Millefeuille de tomate-mozzarella	Carré d'agneau aux herbes de l'été 64	Pêches et abricots aux épices 194
Menu minceur	Millefeuille de tomate-mozzarella	Daurade royale à l'ail et aux petits oignons nouveaux 50	Fruits frais de saison
Menu tout cru	Millefeuille de tomate-mozzarella	Filets de sardine au citron vert et au basilic 36	Coupe de fruits printemps-été 181

Marinade de poivrons aux anchois

Le 1er, je déshabille les poivrons,
le 2, je les mange !

Pour 4 personnes

La veille

C'est impératif

PRÉPARATION : 15 min

CUISSON : 50 min

REPOS AU FRAIS : 24 h

Le jour J

FINITION : quelques minutes

INGRÉDIENTS

- 8 filets d'anchois à l'huile d'olive
- 3 poivrons rouges épais et pulpeux
- 1 gousse d'ail
- 7 ou 8 cuil. à soupe de vinaigre
- Huile d'olive pour la marinade
- Sel, poivre du moulin

La veille

- Préchauffez le four à 180 °C (th. 6).
- Versez le vinaigre dans un plat.
- Ouvrez les anchois en deux dans la longueur et déposez-les dans le plat, arêtes contre le plat. Le vinaigre travaille pour vous, il va pratiquement faire fondre toutes les arêtes.
- Passez les poivrons sous l'eau froide et essuyez-les. Posez-les dans un plat chemisé de papier d'aluminium. Enfournez pour environ 50 min. Les poivrons sont cuits lorsque la peau se fripe et commence à noircir.

Après un coup de fil à votre meilleure amie !

- Sortez les poivrons du four, enfermez-les dans le papier alu. Laissez-les tiédir. Vous éviterez ainsi de vous brûler et vous les éplucherez beaucoup plus facilement. Ouvrez l'alu, posez les poivrons sur une assiette. Coupez-les en deux, enlevez toutes les graines et pelez-les.
- Découpez-les en lanières que vous déposerez dans un plat. Recouvrez d'huile d'olive.
- Parsemez d'ail finement haché. Salez avec parcimonie. Pensez que les anchois le sont déjà. Poivrez.
- Réservez au réfrigérateur pendant 24 h.

Le jour J

- Présentez les lanières de poivrons sur un plat de service. Le moment est venu de les goûter et de rectifier l'assaisonnement si nécessaire.
- Égouttez les anchois sur du papier absorbant.
- Disposez-les sur les poivrons. Si vous avez quelques olives noires pour la déco, n'hésitez pas !
- Réservez au réfrigérateur ou servez.

Bon à savoir

Sans les anchois, vous pouvez préparer ces poivrons 1 semaine à l'avance, ils se conservent très bien au réfrigérateur.

Suggestions d'accompagnement

- *Des Petites gougères* (p. 176).
- Une bonne baguette, tout simplement !

Au menu	Entrée	Plat	Dessert
Menu duo	Marinade de poivrons aux anchois	Mignons de porc aux 2 raisins 80	Vacherin express 211
Menu du dimanche soir	Marinade de poivrons aux anchois	Petites gougères 176	Pêches et abricots aux épices 194
Menu d'été	Marinade de poivrons aux anchois	Tarte à la courgette et au comté, salade verte 138	Fraises au gingembre confit 186
Menu froid	Marinade de poivrons aux anchois	Terrine de courgettes à la menthe fraîche 101	Crumble « too much » 196
Menu de la mer	Marinade de poivrons aux anchois	Pavés de cabillaud au confit d'échalotes et miel d'acacia 52	Petites îles flottantes 206

Salade de carottes râpées et oranges
à la fleur d'oranger

Organisez un petit bonheur de subtilités !

Pour 4 personnes

La veille

PRÉPARATION : 5 min

Le jour J

PRÉPARATION : 10 min

INGRÉDIENTS

- 3 oranges
- 3 carottes
- 1/2 citron (jus)
- 2 cuil. à soupe de sucre en poudre
- 2 cuil. à soupe d'eau de fleur d'oranger
- 2 cuil. à soupe d'huile d'arachide
- 2 pincées de sel

La veille

▸ Préparez la vinaigrette : pressez le jus de 1/2 citron dans un bol. Ajoutez le sel, le sucre en poudre et, tout en mélangeant, la fleur d'oranger et l'huile.
Pour info : le citron fait fondre le sel et le sucre. Suivez donc l'ordre des ingrédients.

▸ Réservez au réfrigérateur à l'abri de l'air. Et là… Les trucs qui vont se passer entre le citron et la fleur d'oranger pendant la nuit m'ont définitivement convaincue de préparer cette sauce la veille !

▸ Pelez les carottes et réservez-les sous un film alimentaire, au réfrigérateur.

Le jour J

▸ Râpez les carottes avec une grille moyenne. Répartissez-les dans des coupelles.

▸ Pelez les oranges à vif : pour cela, commencez par enlever le zeste et le zist (partie blanche de la peau) de chaque orange. Placez maintenant le fruit dans le creux de votre main. Vous voyez le dessin des quartiers de l'orange. Il ne vous reste plus qu'à prélever chacun d'entre eux, en glissant délicatement la lame du couteau entre la pulpe et la membrane de chaque quartier.

▸ Déposez délicatement les quartiers d'oranges pelés dans les coupelles, sur les carottes râpées.

- Terminez en versant l'assaisonnement.
- Servez frais… C'est ma dernière recommandation !

Petit plus

Pour la déco, vous pouvez parsemer quelques graines de sésame dorées, quelques pignons légèrement dorés dans une poêle anti-adhésive, ou encore quelques amandes effilées.

Au menu	Entrée	Plat	Dessert
Menu d'Halloween	Salade de carottes râpées et oranges à la fleur d'oranger	Potimarron d'Halloween 136	Sorbet abricot Petits sablés à l'amande amère 227
Menu végétarien	Salade de carottes râpées et oranges à la fleur d'oranger	Émincé de fenouil au coulis de tomate 118	Crème caramel 202
Menu tout cru	Salade de carottes râpées et oranges à la fleur d'oranger	Fines lamelles de saumon sauvage à l'aneth 38	Coupe de fruits printemps-été 181

Fonds d'artichaut au foie gras
à la vinaigrette d'herbes

Qui l'aurait cru !
L'artichaut, un mariage parfait avec le foie gras.
Vous voulez faire grimper votre cher et tendre au cocotier ?
Rien de plus facile.

Pour 4 personnes

La veille

Préparation : 15 min

Cuisson : 15 min

Le jour J

Préparation : 15 min

INGRÉDIENTS

- 4 tranches de foie gras de canard mi-cuit
- 4 gros artichauts
- 1 cœur de laitue
- 1 cœur de scarole
- 1 cœur de batavia rouge
- Quelques feuilles de mâche
- 1 citron
- 8 cuil. à soupe d'huile d'olive
- 1 cuil. à soupe de gros sel
- 4 tranches de bon pain de mie

La veille

◗ Saisissez la queue de chaque artichaut d'une main, la tête de l'autre. Séparez-les d'un coup sec. Il est hors de question d'utiliser un couteau. De cette façon, la tige emporte les fibres contenues dans le cœur de l'artichaut. Arrachez les feuilles une à une jusqu'à ce que vous atteigniez les petites feuilles.

◗ À l'aide d'un petit couteau bien aiguisé, coupez ces dernières à leur base. Enlevez le foin à l'aide d'une cuillère à soupe. Coupez le citron en deux, et frottez-en les fonds d'artichaut. *Je vous entends d'ici ! « La prochaine fois, je les fais cuire et je les effeuille après. » Eh bien non, il faut les peler entièrement à cru. Quand ils sont cuits, chaque feuille retirée emporte une partie du cœur.*

◗ Remplissez une casserole d'eau froide. Ajoutez 8 cuil. à soupe d'huile d'olive, 1 cuil. à soupe de gros sel et les fonds. Portez doucement à ébullition. Couvrez, laissez cuire environ 15 min. Vérifiez la cuisson à l'aide du petit couteau pointu. Égouttez les fonds sur un linge. Réservez.

◗ Triez, lavez, essorez les salades. Réservez-les dans un sac plastique, au réfrigérateur.

◗ Préparez la vinaigrette : dans un bol, versez le vinaigre de vin et le sel. Mélangez jusqu'à ce que le sel soit bien dissous, puis ajoutez l'huile de tournesol. Poivrez.

Pour la vinaigrette

2 cuil. à soupe de vinaigre de vin

6 cuil. à soupe d'huile de tournesol

1 brin de persil

1 brin de cerfeuil

4 feuilles d'estragon

2 pincées de sel

Poivre du moulin

Bon à savoir

Vous pouvez utiliser des fonds d'artichaut surgelés. Dans ce cas, vous pouvez les cuire la veille et les réchauffer au micro-ondes le jour même.

Le jour J

- Effeuillez et ciselez très finement le persil et le cerfeuil de façon à obtenir la valeur de 1 cuil. à café de chaque. Ciselez également les feuilles d'estragon. Attention ! L'estragon ne doit en rien surpasser les autres ingrédients. Tout doit se faire dans la subtilité. Ajouter les herbes à la vinaigrette. Goûtez, rectifiez l'assaisonnement si nécessaire.
- Plongez les fonds d'artichaut quelques secondes dans de l'eau bouillante citronnée, afin de les réchauffer.
- Présentez les salades dans 4 petites assiettes. Pensez aux couleurs ! À vous d'harmoniser le jaune tendre du cœur de laitue, le rouge de la batavia, le vert plus soutenu de la mâche. Déposez en leur centre les fonds d'artichaut tièdes.
- Répartissez la vinaigrette sur les assiettes.
- Coupez les tranches de foie en morceaux et placez-les sur les fonds d'artichaut.
- Faites toaster le pain finement tranché et enveloppez-le dans une serviette de table pour le garder au chaud.
- Servez sans attendre.

Au menu	Entrée	Plat	Dessert
Menu chic	Fonds d'artichaut au foie gras à la vinaigrette d'herbes	Sauté d'agneau aux pruneaux et aux pommes 66	Vacherin express 211
Menu duo	Fonds d'artichaut au foie gras à la vinaigrette d'herbes	Crevettes à la sauce tomate-gingembre 48	Petits soufflés glacés au chocolat 208

Velouté de potiron

Velouté de potiron, version « conte de fées »,
ou comment la citrouille devient soupière.

Pour 4 personnes

La veille

PRÉPARATION : 10 min

CUISSON : 18 min

Le jour J

FINITION : quelques minutes

INGRÉDIENTS

- 1 potiron (1 kg de potiron sans la peau)
- 2 tranches de pain
- 4 cuil. à soupe de crème fraîche
- 1 noix de beurre
- 1 cube de bouillon de poule
- 1 cuil. à café de fécule de pomme de terre
- Sel, poivre du moulin

La veille

Version « conte de fées »

▸ Découpez un cercle de 10 cm de diamètre autour de la tige du potiron. Ce morceau doit s'emboîter pour se transformer en couvercle !

▸ Enlevez toutes les graines et les parties filandreuses contenues dans le potiron. Évidez la pulpe, réservez-la. Attention de ne pas percer la peau. Vous utiliserez le potiron comme soupière. Isolez de l'air l'intérieur du potiron en le protégeant à l'aide d'un film alimentaire.

▸ Versez dans une cocotte 50 cl d'eau. Ajoutez le cube de bouillon de poule et les morceaux de potiron. Portez à ébullition. Couvrez, comptez 18 min de cuisson à feu moyen.

▸ Mixez le potage à l'aide de votre robot. La puissance du robot donne un aspect velouté à votre recette.

▸ Laissez tiédir dans une tasse la valeur de 3 ou 4 cuil. à soupe de potiron. Mélangez dans cette dernière 1 cuil. à café de fécule de pomme de terre.

▸ Versez le potage mixé dans la cocotte. Incorporez à l'aide d'un fouet la fécule diluée. Ne brûlez pas cette étape… Si vous ajoutez directement la fécule dans un liquide trop chaud, vous n'obtiendrez que des grumeaux.

Version « Je ne suis pas Cendrillon »

▸ Tranchez le potiron en quartiers. Pelez-le, détaillez-le en gros cubes.

Le jour J

- Réchauffez le velouté au dernier moment.
- Ajoutez 4 cuil. à soupe de crème fraîche.
- Goûtez, salez, poivrez si nécessaire. N'oubliez pas, le bouillon cube est déjà salé.

J'ajoute un détail qui n'est pas sans importance…

- Pour la version « soupière en potiron », passez le potiron évidé quelques instants au four avant de le remplir, afin de servir le potage chaud.
- Pour la version de tous les jours, réchauffez simplement le velouté sur feu doux.
- Préparez des croûtons : coupez les tranches de pain en petits cubes. Faites fondre dans une petite poêle une noix de beurre et faites-y dorer les cubes de pain à feu doux.
- Répartissez les croûtons sur le potage juste au moment de servir.

Au menu	Entrée	Plat	Dessert
Menu d'automne	Velouté de potiron	Rôti de bœuf à la poêle 72 Mon gratin dauphinois 122	Tarte sablée tout chocolat 219
Menu de copains	Velouté de potiron	Tendron de veau aux olives 88	Salade d'oranges à la fleur d'oranger 188
Menu végétarien	Velouté de potiron	Tarte à la courgette et au comté 138 Salade verte	Coupe de fruits automne-hiver 182
Menu tout chaud	Velouté de potiron	Papillotes de saumon, fèves et petits lardons au beurre de ciboulette 40	Crumble « too much » 196

Velouté de lentilles

Portez les lentilles aux nues, elles le méritent bien.
Leur simplicité saura vous séduire.

Pour 4 personnes

La veille

Préparation : 15 min

Cuisson : 1 h 15

Le jour J

Finition : Quelques minutes

INGRÉDIENTS

250 g de lentilles vertes du Puy

100 g de poitrine fumée

2 belles carottes

2 gousses d'ail

2 oignons moyens

1 brin de thym

1 feuille de laurier

8 cuil. à soupe de crème fleurette

4 ou 5 cuil. à soupe d'huile d'olive

Sel poivre du moulin

Pour les croûtons

4 tranches de pain de campagne

20 g de beurre

La veille

- Triez les lentilles… Histoire de ne pas vous casser une dent sur un petit caillou ! Remplissez une grande casserole d'eau froide, versez-y les lentilles. Portez à ébullition, égouttez-les dès que l'ébullition est atteinte.

- Pelez les carottes, les gousses d'ail et les oignons. Coupez les carottes et les oignons en rondelles. Épluchez l'ail et enlevez le germe. Hachez les gousses.

- Débarrassez la poitrine fumée de sa couenne (gardez-la) puis coupez-la en lardons. Évitez les lardons en barquette !

- Dans une cocotte, faites chauffer 4 ou 5 cuil. à soupe d'huile d'olive. Jetez-y les oignons qui vont fondre et dorer le plus tranquillement du monde. Après quelques minutes, poussez-les avec une cuillère en bois sur le bord de la cocotte, pour faire revenir l'ail.

- Mélangez l'oignon avec l'ail et donnez-leur encore quelques instants de cuisson.

- Poussez à nouveau les oignons et l'ail sur le bord de la cocotte. Et faites revenir les lardons et la couenne, pendant 3 min. Ajoutez les rondelles de carottes, le thym et le laurier. Remuez et attendez 5 min avant de mettre les lentilles égouttées.

- Versez 1,5 litre d'eau chaude dans la cocotte. Salez, poivrez. Poursuivez la cuisson à couvert pendant environ 1 h.

- Enlevez le brin de thym, la feuille de laurier et la couenne.

◗ Mixez le potage dans le bol de votre robot.

Si vous avez de la patience, remontez vos manches. Passez les lentilles au chinois. Le potage gagnera en raffinement !

◗ Réservez au réfrigérateur.

Le jour J

◗ Réchauffez la soupe de lentilles.

◗ Incorporez la crème fleurette. Goûtez et rectifiez l'assaisonnement si nécessaire.

◗ Faites fondre le beurre dans une poêle pour préparer les croûtons. Les cubes de pain vont rapidement blondir.

◗ Versez le velouté très chaud dans une soupière très chaude. Servez les croûtons dans une coupelle à part.

Au menu	Entrée	Plat	Dessert
Menu d'hiver	Velouté de lentilles	Le poulet de grand-mère 82	Infusion de fruits secs au thé Earl Grey et à la cannelle 192
Menu de copains	Velouté de lentilles	Mignons de porc aux 2 raisins 80	Gâteau à l'orange 232
Menu du dimanche soir	Velouté de lentilles	La grande gougère 175 Salade verte	Vacherin express 211

Velouté de cresson

Ne confondons pas cresson et mâche !
L'un devient volupté, l'autre, vous n'en ferez qu'une salade…

Pour 4 personnes

La veille

Préparation : 15 min

Cuisson : 25 min

Le jour J

Finition : quelques minutes

INGRÉDIENTS

1 botte de cresson

2 pommes de terre (bintje)

2 tranches de pain rassis

40 g de beurre

2 cuil. à soupe de crème fraîche

1 cube de bouillon de volaille

Sel, poivre du moulin

La veille

- Enlevez les plus grosses branches du bouquet de cresson. Lavez-le à grande eau avant de lui faire faire quelques tours dans l'essoreuse à salade.
- Réservez au réfrigérateur une douzaine de feuilles dans un film alimentaire.
- Faites fondre 20 g de beurre dans la cocotte puis jetez le cresson afin de le faire étuver pendant 4 ou 5 min. Pensez à remuer plusieurs fois. L'eau de végétation va s'évaporer, le cresson va devenir d'un vert très foncé.
- Pendant ce temps, pelez les pommes de terre, coupez-les en cubes et lavez-les.
- Versez 1 litre d'eau chaude sur le cresson.
- Ajoutez les cubes de pommes de terre et le cube de bouillon. Mélangez afin de dissoudre le cube. Salez, poivrez. Attention avec le sel : le cube de bouillon est déjà salé !
- Couvrez, et laissez cuire à feu moyen pendant 20 min.
- Mixez le potage tant qu'il est encore chaud.

Le jour J

- Réchauffez le velouté de cresson.
- Pendant ce temps, faites fondre dans une petite poêle une noix de beurre, ajoutez quelques morceaux de pain

coupés en cubes qui feront de merveilleux croûtons. Servez-les à part, dans une coupelle.

- Incorporez 2 généreuses cuillerées à soupe de crème fraîche au velouté.
- Goûtez, rectifiez l'assaisonnement si nécessaire.
- Versez le potage très chaud dans une soupière très chaude... J'insiste !
- Déposez maintenant, avec élégance, les quelques feuilles de cresson réservées.

Variante

★ **Petits veloutés de cresson.** Pour un dîner un peu plus raffiné... Servez ce velouté en portions individuelles, dans des petits bols. Prenez soin de déposer sur chaque velouté une feuille de cresson et une larme de crème fraîche.

Au menu	Entrée	Plat	Dessert
Menu chic	Petits veloutés de cresson	Médaillons de thon au foie gras 58	Petits pots de crème safranée au miel 200
Menu tout chaud	Velouté de cresson	Mignons de porc aux 2 raisins 80	Crumble « too much » 196
Menu végétarien	Velouté de cresson	Émincé de fenouil au coulis de tomate 118	Infusion de fruits secs au thé Earl Grey et à la cannelle 192
Menu du dimanche soir	Velouté de cresson	La grande gougère 175 Salade verte	Coupe de fruits automne-hiver 182 Petits sablés au citron 227

Émincé de fenouil
au coulis de tomate

Même en peinture, ils ne les supportaient pas.
Je suis arrivée un jour avec 10 kg du jardin !
Depuis, ils m'ont demandé la recette…

Pour 4 personnes

La veille

PRÉPARATION : 10 min

CUISSON : 40 min

Le jour J

Réchauffez !

INGRÉDIENTS

6 bulbes de fenouil

200 g de coulis de tomate (p. 244)

60 g de comté râpé

4 cuil. à soupe d'huile d'olive

Sel, poivre du moulin

La veille

Le coulis

- Procédez selon la recette de base p. 244.

Encore mieux… Ouvrez le congélo, vous trouverez ce qu'il vous faut. Sous réserve bien sûr, que vous ayez eu la bonne idée de congeler du coulis. Si ce n'est pas le cas, anticipez pour une prochaine fois.

Les fenouils

- Coupez les tiges au ras des bulbes. Enlevez les feuilles extérieures des bulbes.
- Lavez les fenouils sous un filet d'eau fraîche. Coupez-les en lamelles dans le sens de la hauteur.
- Versez l'huile d'olive dans une cocotte. Ajoutez les lamelles de fenouil. Salez, poivrez et remuez. Faites cuire le fenouil à feu doux et à couvert pendant 30 min.
- Ajoutez le coulis de tomate. Laissez encore mijoter environ 10 min sans le couvercle.
- Au dernier moment, ajoutez le comté râpé et mélangez. Goûtez, rectifiez l'assaisonnement si nécessaire.
- Laissez refroidir et réservez au réfrigérateur.

Le jour J

C'est fini ou presque !

- Réchauffez à feu moyen.

En accompagnement de

- Un rôti de porc ou de veau.
- Un poulet rôti.
- Des filets de poisson, cuits 5 min au micro-ondes le jour J.

Au menu	Entrée	Plat	Dessert
Menu du dimanche soir	Velouté de lentilles 114	Émincé de fenouil au coulis de tomate	Gâteau aux marrons et au chocolat 230
Menu minceur	Mini-brochettes de poulet tikka 86	Papillotes de saumon nature 42 Émincé de fenouil au coulis de tomate	Coupe de fruits printemps-été 181
Menu enfants	Amuse-bouche 13	Tranches de jambon blanc Émincé de fenouil au coulis de tomate	Gâteau à l'orange 232

Fondue d'endives caramélisées

N'écoutez pas les détracteurs des endives,
ils ne savent pas ce qu'ils disent.
Suivez-moi, vous serez surpris.

Pour 4 personnes

La veille

Préparation : 10 min

Cuisson : 25 à 30 min

Le jour J

Réchauffez !

INGRÉDIENTS

8 endives

50 g de beurre

1 cuil. à café de sucre en poudre

1 cuil. à soupe de vinaigre de vin

Sel, poivre du moulin

La veille

- Débarrassez les endives de leurs pieds et de leurs feuilles extérieures avant de les couper en deux dans le sens de la longueur. Détaillez-les en fines tranches, toujours dans le même sens.
- Faites fondre le beurre dans une poêle antiadhésive. Ajoutez sans attendre les endives. Salez, poivrez. Poursuivez la cuisson à couvert environ 10 min. Remuez régulièrement avec une cuillère en bois. Enlevez le couvercle.
- Saupoudrez les endives de 1 cuil. à café de sucre en poudre.
- Quand elles commencent à prendre couleur, versez dans la poêle le vinaigre de vin. Mélangez.
- Poursuivez la cuisson, en remuant régulièrement, toujours à feu doux, à découvert, jusqu'à ce que les endives soient d'un joli blond soutenu. Cela prendra approximativement 15 min.
- Goûtez, rectifiez l'assaisonnement si nécessaire.
- Réservez.

Le jour J

- Réchauffez !

En accompagnement de

- *Noix de Saint-Jacques poêlées* (p. 43).
- Filets de poisson, cuits 5 min au micro-ondes le jour J.

Variante

* **Fondue de poireaux.** Épluchez 3 poireaux en retirant le vert foncé (qui pourra servir à un potage). À l'aide d'un couteau fin, fendez-les dans le sens de la longueur. Puis, lavez-les abondamment, égouttez-les et coupez-les en lanières de 1 cm d'épaisseur. Faites fondre 40 g de beurre dans une cocotte. Dès qu'il devient mousseux, ajoutez les poireaux émincés, salez, poivrez et faites revenir 25 min.

Au menu	Entrée	Plat	Dessert
Menu du dimanche soir	Velouté de potiron 112	Fondue d'endives caramélisées Salade verte	Tarte sablée tout chocolat 219
Menu de copains	Petites gougères aux champignons 177	Papillotes de saumon nature 42 Fondue d'endives caramélisées	Variations glacées 214
Menu chic	Fines lamelles de saumon sauvage à l'aneth 38	Noix de Saint-Jacques poêlées 43 Fondue d'endives caramélisées	Petits pots de crème safranée au miel 200

Mon gratin dauphinois

Caressez un gratin souple, tendre, onctueux !
Dorlotez-le avec une crème… fraîche, et succombez !

Pour 6 personnes

La veille

Préparation : 10 min

Cuisson : 1 h

Le jour J

Cuisson : 40 min

INGRÉDIENTS

1,5 kg de pommes de terre à chair jaune (charlottes ou belles de Fontenay)

40 cl de lait entier

25 cl de crème fraîche liquide

15 g de beurre pour le plat

1 petite gousse d'ail

1 pincée de noix muscade

Sel, poivre du moulin

Attention !

Les différentes étapes de cette recette sont incontournables à suivre dans l'ordre ! Surtout, ne lavez pas les pommes de terre une fois émincées. Leur fécule sert de liaison.

La veille

- Préchauffez le four à 150 °C (th. 5).
- Pelez les pommes de terre. Lavez-les, sans oublier de les sécher soigneusement. Émincez-les en fines rondelles à l'aide de votre robot. Plus les tranches sont fines, meilleur sera le gratin !
- Étalez les pommes de terre sur un linge pour les sécher à nouveau.
- Versez-les dans la casserole. Ajoutez le lait entier, du sel, du poivre et la noix muscade.
- Pelez et hachez le plus finement possible la gousse d'ail sur les pommes de terre.
- Laissez cuire à feu moyen-doux environ 5 min. Le lait va épaissir.
- Beurrez un plat à gratin.
- Répartissez les rondelles de pommes de terre, en une couche régulière, dans un plat à gratin. Plus le gratin est fin, meilleur il sera.
- Répartissez dessus la crème fraîche liquide.
- Enfournez le gratin environ 1 h.

Le jour J

- Préchauffez le four à 150 °C (th. 5).

▶ Enfournez le gratin pour environ 40 min. À la sortie du four, il doit avoir une belle couleur dorée.

Variante

Préparez des gratins individuels dans des petits plats en porcelaine à feu. Pensez simplement à réduire le temps de cuisson.

En accompagnement de

▶ Des *Magrets de canard au miel d'acacia* (p. 74), un *Rôti de bœuf à la poêle* (p. 72), des *Mignons de porc aux 2 raisins* (p. 80).

▶ Ou, le plus simplement du monde, avec une grande salade verte. Dans ce cas, augmentez les proportions, surtout si vous avez des ados à la maison !

Au menu	Entrée	Plat	Dessert
Menu d'hiver	Amuse-bouche 13	Rôti de bœuf à la poêle 72 Mon gratin dauphinois	Crème anglaise à la pistache 199 Financiers 228
Menu de printemps	Tarte à la ratatouille 128	Carré d'agneau aux herbes de l'été 64 Mon gratin dauphinois	Coupe de fruits printemps-été 181
Menu du dimanche soir	Velouté de lentilles 114	Mon gratin dauphinois Salade verte	Cake aux dattes et aux noix 237

Gratin de courgettes au basilic

Impossible de passer à côté de cette recette.
Le secret tout d'abord : courgettes et basilic fraîchement cueillis.
Vous aurez besoin d'un peu de temps
mais vous régalerez enfants et parents.

Pour 6 personnes

La veille

PRÉPARATION : 10 min

CUISSON : 1 h 15

Le jour J

FINITION : 3 min

CUISSON : 30 min

INGRÉDIENTS

2,5 kg de courgettes

2 gousses d'ail

6 ou 7 branches de basilic

50 g de comté

15 cl de crème fraîche liquide

4 cuil. à soupe d'huile d'olive

Sel, poivre du moulin

La veille

- Lavez, équeutez et essuyez les courgettes. Ne les pelez surtout pas, la peau apporte une note colorée au gratin. Utilisez votre robot pour les couper en rondelles... En 1 min, le tour est joué !
- Versez l'huile d'olive dans une cocotte sur feu moyen. Quand l'huile est chaude, ajoutez les rondelles de courgettes, le basilic ciselé, les gousses d'ail dégermées et hachées. Remuez, salez et poivrez.
- Couvrez la cocotte, laissez cuire à petit feu, environ 1 h, en remuant de temps en temps.
- Enlevez le couvercle, continuez la cuisson environ 15 min.
- Versez les courgettes dans une passoire. Faites-les tranquillement égoutter pendant 2 h. En aucun cas, il ne faut bâcler cette étape. Réservez-les au réfrigérateur.

Le jour J

- Préchauffez le four à 180 °C (th. 6).
- Ajoutez aux courgettes égouttées la crème fraîche liquide, le comté râpé, du sel et du poivre. Goûtez. Rectifiez l'assaisonnement si nécessaire.

- Versez les courgettes dans un plat à gratin.
- Enfournez pour 30 min.

En accompagnement de

Un *Carré d'agneau aux herbes de l'été* (p. 64), ou encore un rôti de veau ou un rôti de porc.

Variante

* **Petits gratins de courgettes au basilic et coulis de tomate.** La veille : suivez mot à mot la recette. Tapissez le fond de petits moules en porcelaine à feu de papier sulfurisé. Remplissez les ramequins. Réservez au réfrigérateur. Le jour J : préchauffez le four à 180 °C (th. 6). Enfournez les futurs gratins environ 20 min. Pendant ce temps réchauffez 25 cl de coulis de tomate. Démoulez les gratins à la sortie du four dans chacune des assiettes. Attention, c'est chaud ! Versez environ 3 cuil. à soupe de coulis de tomate. 1 ou 2 feuilles de basilic pour la déco et c'est terminé.

Au menu	Entrée	Plat	Dessert
Menu d'été	Petites gougères à la tapenade 177	Carré d'agneau aux herbes de l'été 64 Gratin de courgettes au basilic	Pêches et abricots aux épices 194
Menu du dimanche soir	Marinade de poivrons aux anchois 106	Gratin de courgettes au basilic Salade verte	Crumble aux fruits rouges 197
Menu enfants	Tarte aux poireaux et aux lardons 140	Brochettes de poulet tikka 86 Gratin de courgettes au basilic	Fruits de saison Petits sablés à l'orange confite 227

Ma ratatouille

Poivrons rouges et verts,
tomates et aubergines, ail et oignons.
C'est l'été, ces légumes vous offrent toutes les libertés.

Pour 6 personnes

La veille

PRÉPARATION : 20 min

CUISSON : 70 min

Le jour J

Réchauffez... ou pas !

INGRÉDIENTS

2 poivrons rouges
1 poivron vert
4 courgettes vertes
2 courgettes jaunes
4 aubergines
6 tomates moyennes mûres
10 petits oignons nouveaux
3 gousses d'ail
5 brins de thym
1 feuille de laurier
10 cl d'huile d'olive
Sel, poivre du moulin

La veille

Un conseil pour commencer : si vous avez de la place et du matériel, utilisez plusieurs poêles. Vous gagnerez du temps, beaucoup de temps.

Les oignons et l'ail

- Épluchez les oignons nouveaux tout en laissant 2 à 3 cm de tige. Partagez-les en deux ou en quatre suivant leur taille.
- Faites chauffer 2 cuil. à soupe d'huile d'olive dans une poêle. Ajoutez les oignons, laissez-les blondir à feu doux.
- Pelez, émincez l'ail, ajoutez-les aux oignons. J'ai bien dit émincer, et non hacher. C'est sympa et inhabituel de trouver des rondelles d'ail !
- Préchauffez le four à 180 °C (th. 6).

Les poivrons

Pour tout vous dire, j'ai mes petites habitudes, je pèle les poivrons avec un couteau économe car je n'aime pas leur peau. Rassurez-vous, déshabillés, ils tiennent parfaitement à la cuisson.

- Lavez-les. Pelez-les si vous le souhaitez. Coupez-les en deux. Retirez les graines et taillez-les en lanières.

Choix des produits

Les poivrons seront épais et pulpeux, les courgettes de petite taille, fermes et brillantes, les aubergines, petites également et d'un violet éclatant.

- Faites-les dorer tranquillement, dans une poêle, avec 3 cuil. à soupe d'huile d'olive.

Les courgettes et les aubergines

- Lavez les courgettes et les aubergines. Coupez-les en tronçons. Il n'est pas utile de les peler. *En préparant une ratatouille, il faut penser aux couleurs !*

- Versez 3 cuil. à soupe d'huile d'olive dans une cocotte. Ajoutez les courgettes, remuez.

- Dans le même temps, faites dorer les aubergines dans une poêle antiadhésive avec 3 cuil. à soupe d'huile d'olive. La poêle antiadhésive vous permettra de limiter l'huile.

Pour terminer

- Rassemblez tout ce petit monde dans la cocotte.

- Lavez, pelez les tomates avec un couteau économe. Coupez-les en deux horizontalement pour les épépiner soigneusement, puis coupez-les en six et ajoutez-les aux légumes.

- Effeuillez le thym au-dessus de la cocotte, ajoutez la feuille de laurier. Salez et poivrez. Goûtez, rectifiez l'assaisonnement si nécessaire. Laissez mijoter ainsi environ 15 min en remuant de temps en temps.

- Versez le contenu de la cocotte dans un plat creux pouvant aller au four. Surtout, n'ayez pas la mauvaise idée de couvrir le plat. Enfournez pour environ 45 min.

- Laissez refroidir et réservez au réfrigérateur jusqu'au lendemain.

Le jour J

- Bien sûr, vous pouvez la réchauffer.

- Mais vous pouvez aussi la servir froide, et partager le rosé frais avec vos voisins !

En accompagnement de

- Toute viande blanche : un rôti de porc ou de veau, une épaule ou un gigot d'agneau.
- Une belle tranche de thon. Vous avez un balcon ou un coin de jardin ? Faites-la au barbecue : badigeonnez-la de moutarde forte montée à l'huile d'olive 15 min avant de la faire griller. Et pour la cuisson, rappelez-vous… Le thon trop cuit est sec !
- Des pâtes (spaghettis, papillons, etc.).

Variantes

* **Tarte à la ratatouille.** Faites une pâte brisée (p. 246). Étalez la pâte dans un moule à tarte. Et là, suivant l'inspiration du moment, mettez directement la ratatouille sur la pâte, ou battez 3 œufs avec 10 cl de crème fraîche épaisse. Mélangez-les à la ratatouille, salez, poivrez, goûtez et enfournez pour 30 min. Et pour une cuisson parfaite de la pâte, préférez un moule en porcelaine. J'ai remarqué que les fonds de tarte y sont bien cuits.

* **Tartelettes à la ratatouille.** Foncez une plaque à tartelettes et remplissez-la de la préparation indiquée ci-dessus. Posez 1 olive noire sur chaque tartelette. Faites cuire environ 25 min.

* **Brouillade d'œufs à la ratatouille et au jambon de pays.** Dans une poêle faites réchauffer un reste de ratatouille. Cassez un, deux, trois œufs suivant le nombre de bouches à nourrir, et suivant la quantité de ratatouille restante. Salez, poivrez. Brouillez avec une spatule en bois. Patientez 2 ou 3 min de cuisson. Au dernier moment, ajoutez des petits morceaux de jambon de pays.

Au menu	Entrée	Plat	Dessert
Menu d'été	Rillettes aux 2 saumons 32	De belles tranches de thon grillées Ma ratatouille	Tartelettes sablées tout chocolat 221 Sorbet à l'orange
Menu enfants	Piques de tomates / basilic / mozzarella 16	Blancs de poulet grillés Ma ratatouille	Petits crumbles aux poires 197
Menu de la mer	Crevettes à la sauce tomate-gingembre 48	Papillotes de saumon nature 42 Ma ratatouille	Crumble aux fruits rouges 197 Glace à la fraise

Petits légumes du soleil

Les cartes du soleil…
Aubergines, courgettes et poivrons déploieront leurs énergies
pour vous séduire
tout de rond.

Pour 4 personnes

La veille

Préparation : 20 min

Cuisson : 1 h (coulis) + 15 à 20 min (légumes)

INGRÉDIENTS

1 poivron rouge

2 aubergines

2 courgettes

Quelques feuilles de basilic

3 ou 4 cuil. à soupe d'huile d'olive

Sel, poivre du moulin

Pour le coulis

1 kg de tomates

3 belles gousses d'ail

1 brin de thym

1 petite feuille de laurier

1 morceau de sucre (facultatif)

Huile d'olive

La veille

Le coulis de tomate

▸ Lavez les tomates, coupez-les en deux horizontalement afin de les épépiner. Coupez-les en gros morceaux. Pelez les gousses d'ail et ôtez le germe.

▸ Faites chauffer 3 ou 4 cuil. à soupe d'huile d'olive dans une cocotte. Ajoutez les tomates, l'ail coupé en lamelles, le thym, le laurier, et un morceau de sucre si vous trouvez les tomates trop acides.

▸ Couvrez et oubliez le coulis pendant 1 h. Pensez simplement à remuer 2 ou 3 fois. Plus le coulis cuit longtemps et à petit feu, meilleur il est !

▸ Terminez en passant le tout au moulin à légumes, grille fine. Réservez.
Ne soyez pas tentés d'utiliser votre robot, vous obtiendriez un velouté et non un coulis.

Les légumes sautés

▸ Pelez le poivron avec un couteau économe, épépinez-le et coupez-le en lanières. C'est aussi simple à peler qu'une carotte ! Et rassurez-vous, ainsi déshabillés ils tiennent parfaitement à la cuisson.

▸ Lavez les aubergines et les courgettes et coupez-les en

rondelles, en gardant leur peau. La peau des légumes va contraster votre plat. Eh oui, en cuisine il faut aussi penser aux couleurs !

- Huilez deux poêles antiadhésives et faites-y sauter séparément poivrons et courgettes pendant environ 10 min. Salez et poivrez.
- Dans une autre poêle, versez un filet d'huile d'olive et déposez une première série de rondelles d'aubergines pour les faire dorer sur leurs deux faces. Continuez jusqu'à épuisement des stocks ! Surtout ne vous découragez pas. Cela en vaut la peine.
- Posez les rondelles sur du papier absorbant afin d'éliminer un maximum d'huile.
- Salez, poivrez, réservez.

Le jour J

C'est fini ou presque !

- Présentez les légumes dans 4 assiettes et arrosez de coulis de tomate. Je sais... Il reste du coulis. Congelez-le pour une prochaine fois.
- Pour terminer, ciselez quelques feuilles de basilic au-dessus des assiettes. Vous allez vous régaler !

Bon à savoir

- Le fait d'utiliser des poêles antiadhésives vous protégera d'une catastrophe et vous demandera beaucoup moins d'huile.
- Congelez votre reste de coulis dans des bacs à glaçons, vous pourrez l'utiliser pour d'autres recettes.

Variante

* **Gratin de petits légumes du soleil.** Doublez les proportions des légumes et suivez la recette. Un peu de rangement, maintenant ! Posez les légumes dans un plat à gratin, en formant des colonnes et surtout en les alternant. Intercalez aussi quelques rondelles de tomates crues. Salez, poivrez, effeuillez un brin de thym. Un petit filet d'huile d'olive pour terminer. Enfournez à 180 °C (th. 6) pour environ 25 min.

Au menu	Entrée	Plat	Dessert
Menu en duo	Petits légumes du soleil	Bar de ligne en croûte de sel 46	Fraises au gingembre confit 186
Menu d'été	Petits légumes du soleil	Tendron de veau aux olives 88	Le tiramisù des copains 204
Menu végétarien	Petits légumes du soleil	Paillasson de pommes de terre et oignons 134	Coupe de fruits printemps-été 181

Poêlée de tomates au thym

Les tomates,
c'est Domi qui les choisit.
Normal !
Elles sont du même « pais ».

Pour 4 personnes

La veille

Préparation : 10 min

Cuisson : 40 min

Le jour J

Réchauffez !

INGRÉDIENTS

8 tomates moyennes
3 gousses d'ail
3 brins de thym
5 cuil. à soupe d'huile d'olive
Sel, poivre du moulin

Hors saison

1 cuil. à café de sucre en poudre

La veille

- Lavez et équeutez les tomates. Coupez-les en deux de façon à ce que le côté tige soit le moins épais.
- Faites chauffer l'huile d'olive dans une poêle antiadhésive, à feu moyen.
- Quand l'huile est chaude, posez les tomates côté chair dans la poêle. Retournez-les après 5 min de cuisson.
- Parsemez les tomates avec l'ail finement haché et le thym effeuillé. Salez et poivrez.
- Si les tomates sont trop acides, saupoudrez-les de 1 cuil. à café de sucre en poudre.
- Baissez le feu.
- Retournez délicatement les tomates plusieurs fois tout au long des 40 min de cuisson. Les tomates sont cuites quand le jus de cuisson est devenu sirupeux et d'une belle couleur caramel.
- Réservez jusqu'au lendemain.

Le jour J

- Réchauffez !

En accompagnement de

- *Un Carré d'agneau aux herbes de l'été* (p. 64).
- Les tomates aiment les viandes blanches : un rôti de veau, un rôti de porc, une épaule ou un gigot d'agneau.

Variantes

* **Œufs au plat à la tomate et au thym.** Poussez les tomates tout autour de la poêle. Cassez en son centre 2, 3, 4 œufs dans le jus suivant le nombre de bouches à nourrir. Faites-les cuire comme des œufs au plat environ 2 ou 3 min.

* **Brouillade d'œufs aux tomates et au thym.** Procédez de la même façon que pour les œufs au plat mais brouillez-les avec une spatule en bois. Patientez 2 ou 3 min de cuisson… C'est un régal !

Au menu	Entrée	Plat	Dessert
Menu d'été	Terrine de courgettes à la menthe fraîche 101 *(remplacer le coulis de tomate par une vinaigrette ou une mayonnaise)*	Carré d'agneau aux herbes de l'été 64 Poêlée de tomates au thym	Petits sablés à la vanille 226 Sorbets au choix
Menu du dimanche soir	Salade verte	Brouillade d'œufs aux tomates et au thym	Confit de pommes vanillées à la cannelle 190 Glace à la vanille
Menu de la mer	Amuse-bouche 13 Canapés sur pommes de terre : œufs de saumon, tarama, harengs marinés	Pavés de cabillaud en papillotes avec un filet d'huile d'olive Poêlée de tomates au thym Riz blanc	Crème anglaise à la pistache 199 Financiers 228

Paillasson de pommes de terre
et oignons

Recherche oignons... Désespérément
Déshabillez- moi... Mais pas trop vite...
La pomme de terre charlotte aime les cuissons douces, alors prenez votre temps.

Pour 4 personnes

Le jour J

Préparation : 15 min

Cuisson : 40 min

INGRÉDIENTS

1 kg de pommes de terre à chair ferme (type charlotte)

4 oignons

2 gousses d'ail

100 g de lardons

4 œufs

4 cuil. à soupe de crème fraîche épaisse

3 cuil. à soupe d'huile d'olive

Sel, poivre du moulin

Le jour J

Le paillasson

- Épluchez les oignons et les gousses d'ail. Émincez-les finement.
- Versez l'huile d'olive dans une poêle antiadhésive. Quand l'huile est chaude, ajoutez les oignons et l'ail. Ils doivent fondre doucement, à couvert, pendant environ 10 min.
- Dans une poêle antiadhésive chauffée à blanc, faites revenir les lardons finement émincés, pendant 3 min.
- Pelez et lavez les pommes de terre. Râpez-les à l'aide de votre robot, grille fine (comme les carottes). À ce stade, ne les lavez plus, l'amidon qu'elles contiennent servira de liant.
- Mélangez aux pommes de terre les œufs, la fondue d'ail et oignons, la crème fraîche épaisse, les lardons. Salez, poivrez. Surtout, n'attendez pas avant de mélanger tous les ingrédients : la pomme de terre s'oxyde à l'air.

La cuisson

- Huilez légèrement votre plus grande poêle antiadhésive et faites-la chauffer sur feu moyen.

- Versez la préparation dans la poêle. Étalez-la de façon uniforme.
- Faites cuire doucement le paillasson 15 min environ. Le temps varie selon l'épaisseur.

Aérez la cuisson : pour cela, il vous suffit de glisser une spatule sous le paillasson et de le soulever légèrement.

- Munissez-vous maintenant d'un grand couvercle et d'un torchon.
- Posez le couvercle sur la poêle, le torchon plié sur ce dernier pour ne pas vous brûler.
- Saisissez le manche de la poêle d'une main, le couvercle de l'autre, et en un geste précis et rapide, retournez la poêle.
- Génial ! Il ne vous reste plus qu'à glisser le paillasson délicatement dans la poêle pour 15 min de plus. N'oubliez pas de l'aérer !

En accompagnement de

Une petite salade verte.

Au menu	Entrée	Plat	Dessert
Menu du dimanche soir	Velouté de potiron 112	Paillasson de pommes de terre et oignons Salade verte	Petits moelleux au chocolat 218
Menu enfants	Amuse-bouche 13 Piques de poulet tikka 87	Paillasson de pommes de terre et oignons Salade verte	Crème caramel 202

Potimarron d'Halloween

Les sorcières sont de sortie ce soir…
Entourez leur plat favori d'une salade aérienne.
Consultez les gourmands pour un dessert léger.

Pour 4 personnes

Le jour J

PRÉPARATION : 25 min

CUISSON : 2 h

INGRÉDIENTS

1 potimarron (2 kg)

200 g de comté

50 cl (500 g) de crème fraîche liquide

300 g de pain de campagne rassis

Noix muscade

Sel, poivre du moulin

Le jour J

- Lavez le potimarron. Posez-le dans un plat à soufflé. Ce plat a pour but de le maintenir droit jusqu'au bout.
- Découpez une ouverture, côté tige, en enfonçant le couteau dans la chair. Faites progressivement un trou d'environ 10 cm de diamètre. Non, non, ce n'est pas façon guillotine que le potimarron doit être décapité. Le chapeau que vous taillez s'emboîte en fin de préparation sur le potimarron.
- Enlevez toutes les graines et les parties filandreuses contenues dans le légume. Il est bien entendu que l'on n'enlève pas la chair du potimarron.
- Râpez le comté.
- Coupez quelques tranches de pain rassis. Elles doivent être extrêmement fines. Posez-les au fond du potimarron.
- Ajoutez la valeur d'une poignée de fromage râpé. Assaisonnez de noix muscade râpée, sel et poivre. La noix muscade révèle les arômes de châtaigne du potimarron.
- Renouvelez les opérations jusqu'à ce que le potimarron soit plein, sans oublier de tasser les ingrédients au fur et à mesure.
- Versez lentement la crème fraîche liquide. Cela prend 2 ou 3 min, le temps que le pain et le fromage s'imprègnent.

- Fermez le potimarron avec son chapeau.
- Enfournez-le pour 2 h.
- Vérifiez la cuisson du potimarron lui-même, en enfonçant un couteau pointu. Il ne doit plus sentir de résistance.

Suggestion d'accompagnement

Une salade verte.

Au menu	Entrée	Plat	Dessert
Menu d'automne	Rien !	Potimarron d'Halloween Salade verte	Coupe de fruits automne-hiver 182
Menu d'Halloween	Rien !	Potimarron d'Halloween Salade verte	Salade d'oranges à la fleur d'oranger 188

Tarte à la courgette et au comté

Si tarte m'était contée, je vous dirais sans compter de choisir, pendant l'été, des courgettes bien habillées pour pouvoir vous régaler.

Pour 6 à 8 personnes

La veille

PRÉPARATION : 15 min

CUISSON DES COURGETTES : 1 h

Le jour J

PRÉPARATION : 10 min

CUISSON DE LA TARTE : 30 min

INGRÉDIENTS

1 pâte brisée (p. 246)

120 g de comté

2 œufs

20 cl de crème fraîche liquide

1,2 kg de petites courgettes bien fermes

1 gousse d'ail

3 brins de thym

1 pincée de noix muscade

4 cuil. à soupe d'huile d'olive

Sel, poivre du moulin

La veille

- Lavez les courgettes. Enlevez la tige, surtout ne les pelez pas. La peau donnera de la couleur à votre tarte. Coupez-les dans le sens de la longueur, émincez-les. Vous pouvez utiliser votre robot. Le gain de temps est considérable.
- Hachez finement la gousse d'ail.
- Faites chauffer l'huile d'olive dans une cocotte, ajoutez les courgettes, l'ail, le thym et un peu de noix muscade. Salez et poivrez. Mélangez, couvrez la cocotte et laissez cuire à feu moyen 1 h en remuant de temps en temps.
- Enlevez le couvercle en fin de cuisson afin d'obtenir l'évaporation totale de l'eau rendue par les courgettes. Vous pouvez aussi verser les courgettes dans une passoire et les oublier, pour leur donner le temps d'égoutter. Réservez-les au réfrigérateur, couvertes d'un film alimentaire.
- Râpez le comté et réservez-le sous un film alimentaire.

Le jour J

- Préchauffez le four à 180 °C (th. 6).
- Incorporez le comté râpé aux courgettes, puis ajoutez les œufs battus avec la crème. Mélangez, goûtez et rectifiez l'assaisonnement si nécessaire.
- Étalez la pâte brisée sur un plan de travail fariné.

◗ Foncez le moule. N'oubliez pas de bien appliquer la pâte le long des parois, pour que la tarte soit jolie si vous la démoulez. Découpez le surplus en faisant rouler le rouleau à pâtisserie sur le bord du moule.

◗ Répartissez la préparation aux courgettes sur le fond de tarte. Enfournez pour 30 min.

Variantes

* **Tartelettes à la courgette et au comté.** Foncez une plaque à tartelettes et remplissez-les de la préparation. Terminez par une fine rondelle de courgette. Faites cuire environ 20 min et procédez en plusieurs fournées si nécessaire.

* **Tarte à la courgette et au chèvre.** Remplacez le comté par 100 g de chèvre en bûche. Après avoir versé la préparation aux courgettes sur le fond de tarte, disposez les rondelles de chèvre dessus et donnez un dernier tour de moulin à poivre.

* **Tartelettes à la courgette et au chèvre.** Procédez comme pour la tarte à la courgette et au chèvre, foncez une plaque à tartelettes, remplissez-la de la préparation, apportez la touche finale avec une fine rondelle de chèvre. Faites cuire environ 20 min.

Au menu	Entrée	Plat	Dessert
Menu d'été	Tarte à la courgette et au comté	Dorade en croûte de sel 47	Coupe de fruits printemps-été 181
Menu végétarien	Salade de carottes râpées et oranges à la fleur d'oranger 108	Tarte à la courgette et au comté Salade verte	Petites îles flottantes 206
Menu du dimanche soir	Tomates cerises pour patienter	Tarte à la courgette et au comté Salade verte	Vacherin express 211

Tarte aux poireaux et aux lardons

Arrêts sur image.
Le nouveau poireau est arrivé.
De mai à juillet, il est tendre et fondant.

Pour 6 à 8 personnes

La veille

PRÉPARATION : 15 min

CUISSON : 25 min

Le jour J

PRÉPARATION : 10 min

CUISSON : 30 min

INGRÉDIENTS

1 pâte brisée (p. 246)
1 kg de poireaux
100 g de lardons fumés
5 œufs
50 g de beurre
25 cl de crème fleurette
1 pincée de noix muscade
Sel, poivre du moulin

La veille

- Préparez la pâte brisée.
- Conservez uniquement le blanc et le vert tendre des poireaux. Sur 1 kg de poireaux, il doit rester environ 400 g !
- Coupez-les en quatre, mais pas complètement. Passez les soigneusement sous l'eau. Épongez-les avec du papier absorbant et émincez-les finement.
- Étuvez les poireaux dans une cocotte avec le beurre, environ 25 min à feu doux. N'oubliez pas... De temps en temps, ouvrez la cocotte et remuez.
- Faites revenir les lardons fumés finement émincés dans une poêle chauffée à blanc.
- Laissez refroidir. Réservez au réfrigérateur couvert d'un film alimentaire.

Le jour J

- Préchauffez le four à 180 °C (th. 6).
- Étalez la pâte brisée sur un plan de travail fariné.
- Foncez le moule. Pensez à bien appliquer la pâte le long des parois. La tarte doit être jolie. Découpez le surplus en faisant rouler le rouleau à pâtisserie sur le bord du moule.

- Battez les œufs au fouet dans un cul-de-poule avec la crème fleurette, du sel, du poivre et la pincée de noix muscade. Les lardons sont salés, maniez la salière avec parcimonie.
- Mélangez les poireaux et les lardons aux œufs et à la crème. Goûtez et rectifiez l'assaisonnement si nécessaire. Répartissez l'ensemble sur le fond de tarte.
- Enfournez pour 30 min.

Au menu	Entrée	Plat	Dessert
Menu du dimanche soir	Tarte aux poireaux et aux lardons	Mon gratin dauphinois 122	Crème caramel 202
Menu enfants	Piques de poulet tikka 87	Tarte aux poireaux et aux lardons Salade verte	Brioches en perdition 240
Menu de copains	Le flan du pêcheur 30	Tarte aux poireaux et aux lardons Salade verte	Fruits rouge du jardin de mes voisins 183

Fricassée de fèves tièdes
au jambon de pays

Patience…
Le résultat flattera votre gourmandise !

Pour 4 personnes

La veille

PRÉPARATION : Pas si long que ça !

CUISSON : 30 min

Le jour J

FINITION : 8 à 10 min

INGRÉDIENTS

2 kg de fèves fraîches (non écossées)

1/2 citron (jus)

1 pincée de sarriette

1 petit brin de persil

1 tranche épaisse de jambon de pays (130 g environ)

3 jaunes d'œufs

20 cl de crème fraîche

15 g de beurre

Sel, poivre du moulin

La veille

- Enlevez les fèves de leurs gousses et ébouillantez-les 30 s. Dépouillez-les de leur peau. *Je vous entends déjà… « La prochaine fois, je laisse la peau. » Eh bien non : cette peau, après cuisson, est amère, dure et cotonneuse.*
- Coupez la tranche de jambon de pays, sans la dégraisser, en petits cubes.
- Faites revenir les cubes de jambon doucement pendant 2 min, dans une petite cocotte, avec une noix de beurre.
- Ajoutez les fèves, la pincée de sarriette et 1/2 verre d'eau chaude.
- Couvrez et laissez cuire à feu doux pendant 20 min. De temps en temps, pensez à remuer. Il faut surveiller la cuisson.
- Réservez.

Le jour J

- Effeuillez le persil dans un verre.
- Ciselez-le finement avec des ciseaux, cela ne vous prendra pas plus d'une minute. *Je ne suis pas une adepte du hachoir électrique, pour la simple raison qu'il broie les herbes !*
- Mélangez dans un bol la crème fraîche, les jaunes d'œufs et 1 pincée de poivre.

◗ Versez le contenu du bol sur les fèves préalablement réchauffées.

◗ Poursuivez la cuisson quelques minutes, toujours à feu doux, tout en remuant.

◗ Arrosez avec le jus du demi-citron.

◗ Goûtez, rectifiez l'assaisonnement si nécessaire. Il n'est pas impossible que les fèves manquent de sel, cela dépend de la salaison du jambon.

◗ Répartissez les fèves dans 4 assiettes préalablement chauffées.

◗ Parsemez de persil, il apporte la touche finale à vos assiettes. Servez sans attendre.

Au menu	Entrée	Plat	Dessert
Menu d'été	Fricassée de fèves tièdes au jambon de pays	Thon au poivron rouge, tomate et piment d'Espelette 56	Fruits rouges du jardin de mes voisins 183
Menu en duo	Tartelettes à la courgette et au comté 139	Fricassée de fèves tièdes au jambon de pays	Crème anglaise à la vanille 198 Croustillants aux amandes 222
Menu tout chaud	Fricassée de fèves tièdes au jambon de pays	Brouillade d'œufs aux tomates et au thym 133	Petits crumbles aux poires 197

par Marie Quatrehomme

Meilleur Ouvrier de France 2000. Classe fromagerie

Les fromages

Une leçon de fromage !

Fruité ou doux, sec ou crémeux, puissant ou subtil... Le fromage se décline dans toutes les saveurs, les couleurs et les formes. C'est aussi une affaire de goût, de pertinence, de savoir-faire et de patience. Un produit extraordinaire, reflet de notre terroir.

Et, à juste titre, il tient une place de choix dans un livre de cuisine.

Suivez le guide, avec 8 plateaux sélectionnés selon les saisons.

Avant de les déguster, visitez le chapitre « Fromages en expo » (p. 160). Des conseils, entre autres de présentations, vous y attendent.

Arrêtez-vous également sur « La bonne coupe » (p. 162). En un coup d'œil, vous apprendrez aisément à servir le fromage.

Sachez conserver les fromages dans les meilleures conditions, grâce à mes recommandations dans « Fromage sous bonne garde » (p. 164).

Pour terminer, je n'ai pas pu résister au plaisir de vous confier quelques idées et recettes... fromagères bien sûr ! Rien que du bonheur !

Dans chacun des plateaux suivants, les fromages sont indiqués dans leur ordre de dégustation, du plus doux au plus fort.

Plateau de fromages **de printemps**

Le bonheur est dans le pré. Les animaux broutent à nouveau les premières herbes des pâturages.
Alors fêtons cette saison avec deux irrésistibles plateaux !
Un classique,
et une variation de printemps « en chèvre » !

Le classique

Chèvre frais
La pâte est blanche, fraîche et légère.

Coulommiers, au lait de vache (Île-de-France)
Cousin du brie de Meaux, la pâte doit être à cœur et moelleuse.

Pélardon, au lait de chèvre (Cévennes)
Petit chèvre à pâte tendre, peut être dégusté soit crémeux, soit sec. Les gourmands l'adorent coulant.

Comté « fruité », au lait de vache (Jura)
Demandez sa date de naissance ! Lorsqu'il a dépassé 12 mois, et à condition qu'il ait été fabriqué entre le 15 mai et le 15 octobre, il est au meilleur de sa forme avec son subtil goût de noisette. Vous dégusterez là un des meilleurs fromages de la famille des pâtes pressées cuites.

Fourme d'Ambert, au lait de vache (Auvergne)
Une bonne fourme ne se tient pas. Elle est difficile à couper, donc à présenter. Elle doit être moelleuse.

Saint-marcellin affiné « à la lyonnaise », au lait de vache (Rhône-Alpes)

Le croûtage est jaune, la pâte crémeuse à souhait. Pour le savourer, munissez-vous d'une petite cuillère.

- **Époisses**, au lait de vache (Bourgogne)
Un bon époisses ne peut plus se couper au couteau. Sa pâte onctueuse se moulera façon quenelle à la petite cuillère.

Suggestions d'accompagnement

- Civette, ciboulette ou basilic avec le chèvre frais pour émoustiller vos papilles.
- Les fruits secs, avec le comté et la fourme, sont une valeur sûre.

Le pain

- Pain de campagne.
- Pain noisettes ou abricots avec le chèvre frais, l'époisses, ou la fourme d'Ambert. Intéressante l'association sucré/salé et rigolote pour les papilles !

Le vin

- Vin de Loire léger servi un peu frais.

Variation de printemps en « chèvre »

◗ **Crottin de Chavignol** (Centre)
Frais ou sec, à tous les stades, il vous enchantera.

◗ **Cabécou** de Rocamadour (Quercy)
Crémeux, un moment de bonheur !

◗ S**elles-sur-Cher** (Touraine)
Entre-deux, il plaira à tous. Sa croûte cendrée peut être dégustée. Goûtez-le soit frais, soit demi-sec.

◗ **Banon de Provence** (Provence)
Frais ou crémeux, il est délicieux. Poivré ou au thym, essayez la différence.

◗ **Picodon** (Vallée du Rhône)
Moi, je le préfère sec, avec une pâte bien serrée et parfumée.

◗ **Chevrotin** (Savoie et Haute-Savoie)
Sa croûte épaisse cache un cœur coulant.

◗ **Tomme de chèvre** affinée au muscadet (Pays de Loire)
Pour terminer, une jolie pâte pressée blanche.

Suggestions d'accompagnement

◗ De la couleur maintenant, avec une salade de feuille de chêne rouge.

◗ Craquantes, les jeunes pousses d'épinards en salade.

Le pain

◗ Goûtez les petits pains aux raisins ou aux figues !

Le vin

◗ Pour la variation en « chèvre », je vous propose également un vin de Loire, et tout particulièrement un montlouis blanc.

Plateau de fromages **d'été**

La pâture est généreuse.
L'herbe abondante et fleurie donne au cheptel
un lait riche et parfumé.
Sous le parasol, laissons-nous aller
vers un plateau plein de fraîcheur.

Le classique

◗ **Banon sarriette**, au lait de chèvre (Provence)
Petit chèvre frais, il vous mettra en appétit pour démarrer votre plateau.

◗ **L'explorateur**, au lait de vache (Seine-et-Marne)
Ce cousin du brillat-savarin est plus petit mais tout aussi délicieux.

◗ **Pérail**, au lait de brebis (Rouergue)
Produite sur le Causse de Sauveterre, cette petite galette a la finesse de tous les laits de brebis.

◗ **Camembert de Normandie**, au lait de vache (Normandie)
Emblème de notre patrimoine fromager français, c'est après l'emmental le plus apprécié de tous.

◗ **Reblochon**, au lait de vache (Aravis)
Ce grand classique reste un des fromages préférés des petits et des grands.

◗ **Cabrioulet**, au lait de chèvre (Ariège)
Production uniquement fermière, cette délicieuse tomme rappelle un gros reblochon dont on aurait changé le lait. Sa pâte est blanche, lisse et onctueuse.

- **Bleu de Laqueuille**, au lait de vache (Auvergne)
Pour compléter ce plateau, une jolie pâte persillée, plus douce au palais et moins salée que le roquefort.

Suggestions d'accompagnement

- Romaine, feuille de chêne, mesclun (mélange de feuilles de salades diverses).
- La sarriette fraîche pour compléter votre banon.
- Un filet de miel d'acacia sur le Pérail s'il est frais.

Le pain

- Pain de campagne, pain au pavot, baguette aux céréales.

Le vin

- Bordeaux léger.

Variation d'été

- **Brocciu**, au lait de chèvre ou de brebis (Corse)
Le vrai brocciu fermier, vous ne le trouverez que jusqu'au 8 juillet ! Malgré sa jeunesse, ce fromage laisse un délicieux goût de lait en bouche, il est d'une grande qualité gustative.

- **Groû du Bâne frais**, au lait de chèvre (Provence)
Ce beau chèvre évoque les yeux fermés l'odeur du thym, du romarin… Et le chant des cigales « avé » l'accent.

- **Sainte-maure de Touraine**, demi-affiné, blanc ou cendré, au lait de chèvre (Touraine)
Plus sérieux… Cette bûchette tenue par son brin de paille central a un cœur au goût caprin d'une grande subtilité.

- **Cantal « jeune »**, de préférence au lait de vache de race salers (Auvergne)

Lorsque sa croûte est encore toute fine, sa pâte moelleuse laisse en bouche un goût de lait qui rappelle les bols fumants du petit déjeuner de votre enfance.

- **Cervelle de canut**, au lait de vache (Lyonnais)
Préparation fromagère à base de fromage blanc de vache, de fines herbes et d'ail.
Pour terminer, voilà une douce fraîcheur à déguster impérativement en fin de plateau.

Suggestions d'accompagnement

- Brocciu et feuilles de menthe fraîche.

- Brocciu et 1 cuil. à café d'eau-de-vie. Dans ce cas, dégustez-le à la fin.

- Groû du Bâne avec du miel toutes fleurs.

- Préparez avec la cervelle de canut des baguettes de pain grillé, qui feront office de mouillettes.

Le pain

- Pain de campagne.
- Baguette grillée.
- Pain au lard.

Le vin

- Côtes-du-rhône à servir frais.

Plateau de fromages **d'automne**

Si fromages m'étaient contés,
je me baladerais volontiers à l'automne pour savourer,
de-ci de-là, quelques-uns de ces trésors mûris
pendant l'été.
Sans forcément pour cela prendre le chemin des écoliers,
voici quelques suggestions pour séduire votre palais.

Le classique

▸ **Pouligny saint-pierre**, au lait de chèvre (Indre)
Sa forme de tour Eiffel permet aux béotiens de l'identifier entre tous.

▸ **Brie de Meaux**, au lait de vache (Île-de-France)
Comme disait ma filleule : « Ce gros camembert est de toutes les fiestas. »

▸ **Abondance**, au lait de vache (Savoie)
Son talon concave est caractéristique de cette tomme de montagne qui fleure bon les alpages de l'été.

▸ **Pont-l'évêque**, au lait de vache (Normandie)
Sa croûte peut être blanche ou légèrement rouge suivant le travail de l'affineur. Elle cache une pâte jaune caractéristique de la couleur des laits de la fin de l'été.

▸ **Roquefort**, au lait de brebis (Rouergue)
Moi je l'aime quand il est crémeux, au point d'avoir du mal à le présenter sur un plateau. Et d'ailleurs, les Aveyronnais ne le mettent jamais au réfrigérateur. Le roquefort devient si onctueux qu'il peut être tartiné.

Suggestion d'accompagnement

◗ Un pont-l'évêque accompagné de quelques pommes de terre à la vapeur, d'une salade verte et d'une bouteille de cidre brut, organisera un petit dîner en deux temps trois mouvements.

Le pain

◗ Pains aux noix, aux noisettes, ou un pain noir pour tartiner le roquefort.

Le vin

◗ Faites-vous plaisir. Sortez de votre cave un bordeaux d'un bon millésime.

◗ Avec le roquefort, proposez un sauternes, qui accompagnera également parfaitement votre dessert au chocolat.

Variation « made in Europe »

◗ **Brindamour ou fleur du maquis**, au lait de brebis (France)
Ce beau nom cache un brebis au cœur tendre enrobé d'herbes du maquis corse.

◗ **Cheddar fermier**, au lait de vache (Angleterre)
Oubliez le cheddar laitier… Vous savez, le rouge, celui que l'on met dans les sandwichs ! Demandez-le fermier, à 1 an d'affinage. Que cela reste entre nous… Il peut faire de l'ombre au cantal !

◗ **Gorgonzola**, au lait de vache (Italie)
Cette jolie pâte persillée au cœur tendre est un grand fromage italien. Crémeux, il est délicieux. Vos invités doivent avoir du mal à le couper.

◗ **Parmigiano-Reggiano**, au lait de vache (Italie)
Découvrez ce fromage autrement que râpé. Redonnez-lui ses lettres de noblesse en le servant en copeaux (à faire à l'aide d'un couteau économe). À deux ans d'âge, il atteint

son apogée, avec une pâte qui craque légèrement en bouche.

◗ **Gouda**, au lait de vache (Hollande)
Choisissez-le fruité, à 8 mois d'affinage minimum, sa pâte sera de couleur ocre, contrairement aux fromages trop jeunes qui sont de couleur jaune clair. Encore meilleur… Si vous le trouvez dans sa quatrième année… À cet âge, il laisse en bouche un goût d'épice extraordinaire.

Suggestions d'accompagnement

◗ Salade de chou blanc, finement émincé, assaisonnée une heure à l'avance.

◗ Parmesan, jambon de Parme, pointes d'asperges, tout un programme… Faites couper des tranches d'une finesse extrême dans le manche du jambon. Les tranches sont moins spectaculaires, mais tellement plus goûteuses. C'est sans comparaison ! Présentez-les dans l'assiette de service. Posez quelques pointes d'asperges légèrement assaisonnées. Avec un couteau économe, faites des copeaux de Parmigiano-Reggiano. Posez-les sur le jambon. Servez.

Le pain

◗ Crackers, gressins ou une baguette de campagne bien de chez nous.

Le vin

◗ Vin portugais, vin espagnol, vin italien… Ne soyez pas chauvins. Je vous l'assure, il y a des merveilles chez nos voisins.

Plateau de fromages **d'hiver**

*Les gelées ont couvert les toits des étables.
Faisons-nous plaisir avec une sélection de fromages
qui ont pris le temps de vieillir
dans le secret des caves.*

Le classique

◗ **Clacbitou**, au lait de chèvre (Bourgogne)
Il faut 2 à 2,5 litres de lait pour fabriquer ce chèvre en forme de tonnelet. Cela vous laisse imaginer la densité de sa pâte et la qualité de ses arômes. Préférez-le au minimum à 8 semaines d'affinage.

◗ **Brie de Melun**, au lait de vache (Seine-et-Marne)
Cousin du prestigieux brie de Meaux, c'est un fromage assez peu connu et pourtant quel grand ! Il peut être dégusté avant d'être tout à fait à cœur.

◗ **Saint-nectaire**, au lait de vache (Auvergne)
On retrouve dans sa belle pâte la beauté de sa terre natale, riche d'une flore abondante et variée. Sa croûte naturelle, rouge ou grise suivant l'affinage, dégage une odeur caractéristique de champignons et de sous-bois.

◗ **Salers**, au lait de vache (Auvergne)
Lorsqu'elle atteint 16 mois, cette belle fourme se présente avec une croûte épaisse et parfumée (réservée aux amateurs de sensations fortes !) qui cache une pâte couleur paille, très aromatique.

◗ **Affidélice**, au lait de vache (Bourgogne)
Ce petit cousin de l'époisses à la jolie peau orangée est affiné au chablis. Moyennant quoi, il est un petit peu moins fort et plaît donc à ceux qui craignent l'odeur et le goût affirmé de son cousin.

Suggestion d'accompagnement

- Abricots et raisins secs sur le plateau en déco.

Le pain

- Baguette ou ficelle de campagne.
- Pain aux figues ou aux raisins avec l'affidélice.

Le vin

- Bourgogne charpenté dans des millésimes jeunes.

Variation d'hiver

- **Mont d'or**, au lait de vache (Jura)
C'est le fromage hivernal de référence, le fromage de Noël. Pourquoi ne pas lui donner l'exclusivité de votre plateau ?

- **Beaufort d'alpage**, au lait de vache (Savoie)
N'hésitez pas, demandez sa date de naissance à votre fromager. Assurez-vous qu'il ait entre 16 et 20 mois. Et là... Quand vous allez le porter à votre bouche, il va vous transporter dans la plus belle vallée savoyarde... Sentez la souplesse de sa pâte beurrer votre palais !

- **Stilton**, au lait de vache (Angleterre)
Une fois n'est pas coutume, mettons à l'honneur un fromage d'outre-Manche. Merveilleuse pâte persillée qui n'a rien à envier à ses cousins français.

- **Camembert au calvados**, lait de vache (Normandie)
Dans sa coque de chapelure imbibée d'alcool normand, ce cœur tendre vous livrera des goûts forts et subtils à la fois.

- **Maroilles**, au lait de vache (Nord)
Les meilleurs sont ceux qui sont appelés de « 100 jours ». Au-delà de cet anniversaire, ce beau fromage du Nord révèle un cœur moelleux à saveur corsée, qui ne dément pas sa réputation. On dit du maroilles qu'il est le plus fin des fromages forts !

Suggestion d'accompagnement

- Salade de mâche, sans oublier la reine du Nord : l'endive.

Suggestions de présentation

- Les fromages de ce plateau peuvent être présentés en pièce unique. Dans ce cas, soyez plus attentive et attentif à la présentation qu'à l'ordinaire. (cf. Fromages en expo, p. 160).

- Pour les amateurs de mariages gourmands, il est de tradition d'accompagner le stilton d'un verre de porto blanc ou rouge.

Le pain

- Rompez le rythme de saisons... Le pain aux figues apportera une note sucrée à la force des fromages présentés.

Le vin

- Servez le mont-d'or accompagné d'un vin du Jura.
- Bière du Nord avec le maroilles.

Fromages en expo

La composition d'un plateau de fromages mérite toute votre attention. Choisissez-les, comme vous composez un bouquet de fleurs, en nombre impair.

On les déshabille... Oui, mais pas tout de suite !

- Tous les fromages doivent être gardés au réfrigérateur à condition de les sortir 2 h avant la dégustation. Enlevez l'emballage uniquement au moment de les servir, sauf le roquefort qui doit être oxygéné environ 4 h avant.

- Si néanmoins, vous préférez passer plus de temps entre amis qu'à la cuisine, ce qui est mon cas, dressez votre plateau et recouvrez-le d'un torchon humide. Cela évitera le phénomène de dessiccation, grand ennemi des fromages !

Exposez-les

- Sur du bois, du marbre ou de la porcelaine, rond, carré ou rectangulaire, tout peut faire office de plateau. Pensez simplement qu'une surface plane en facilitera la découpe.

- La taille du plateau varie suivant le nombre de fromages à présenter. Il peut aller de la grande à la petite assiette, du plat à gâteau à la planche en bois. Il peut être rustique ou raffiné, tout dépend de l'ambiance à créer.

- N'hésitez pas à demander à votre fromager un paillon, du feuillage et les étiquettes propres à chacun des fromages. Si c'est un gentil, il se fera un plaisir d'organiser cela pour vous !

Pensons couleurs et harmonie maintenant

- Harmonisez les fromages sur un plateau en fonction des tailles, couleurs et matières.
- Espacez-les suffisamment, pour les découper sans gêne.

Les couteaux

- Oui, oui, vous avez bien lu, j'ai écrit les couteaux. Afin d'éviter le report de pâtes des fromages plus forts sur des fromages plus doux, plusieurs couteaux sont indispensables.
- Les cuillères le sont aussi, si vous servez un fromage blanc frais, un mont d'or ou un époisses moelleux.

Encore un détail

- Entamer les fromages facilitera grandement la tâche de vos convives. Si vous vous rendez compte qu'ils n'y comprennent rien, je vous propose de leur ouvrir ce livre au chapitre « La bonne coupe », p. 162.
- Dans le cas où vous serviriez un fromage entamé, rafraîchissez-en la tranche.

Sur la table

- Le vin approprié bien sûr. Pains de variétés différentes, fines herbes finement ciselées, noix, amandes ou noisettes... Sel et poivre du moulin, suivant le ou les fromages choisis.

Pour terminer

- Indiquez l'ordre de dégustation à vos invités, du plus doux au plus fort. Si par exemple vous venez de dévorer une merveilleuse tartine recouverte d'un sublime bleu, et qu'après, vous regardez tendrement un banon sarriette, ce petit chèvre frais fera bien pâle figure !

La bonne coupe

Finis les camemberts en dents-de-scie,
les bries au nez cassé
et le roquefort
aux égoïstes gourmands.
Suivez ces schémas,
ils vous apprendront
à couper le fromage
tout en gardant
esthétisme et convivialité.

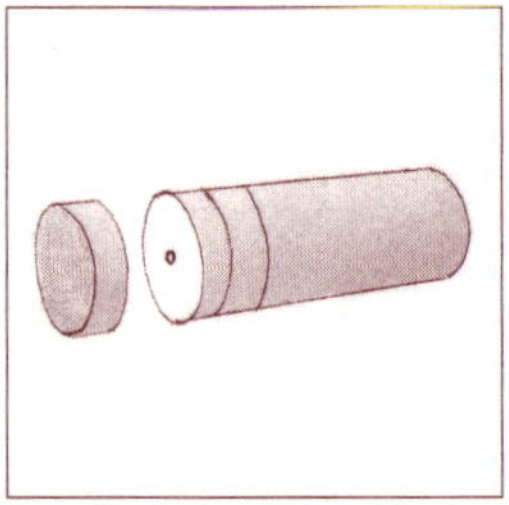

Les fromages de forme cylindrique comme le sainte-maure

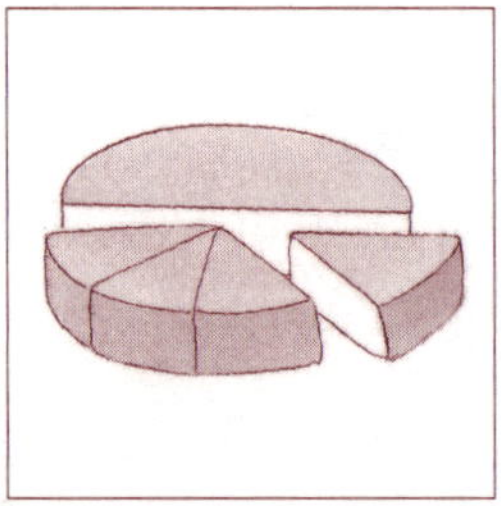

Les fromages ronds comme le camembert

Les fromages carrés comme le pont-l'évêque

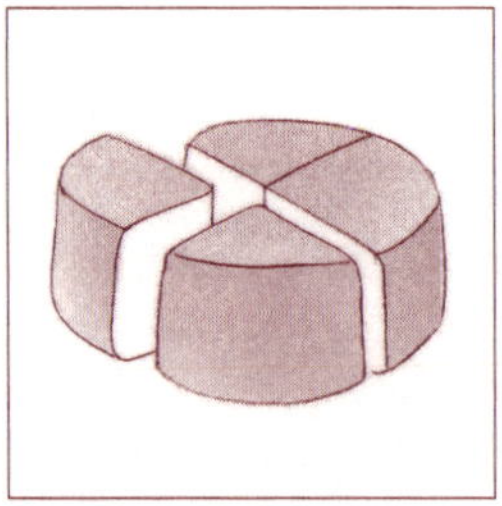

Les fromages ronds comme le crottin de Chavignol

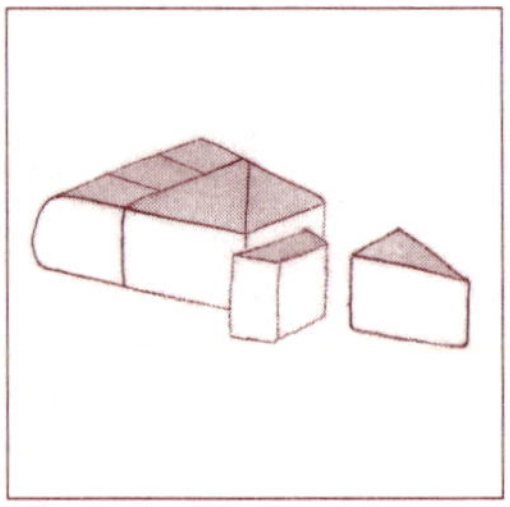

Les grands fromages en parts comme le brie

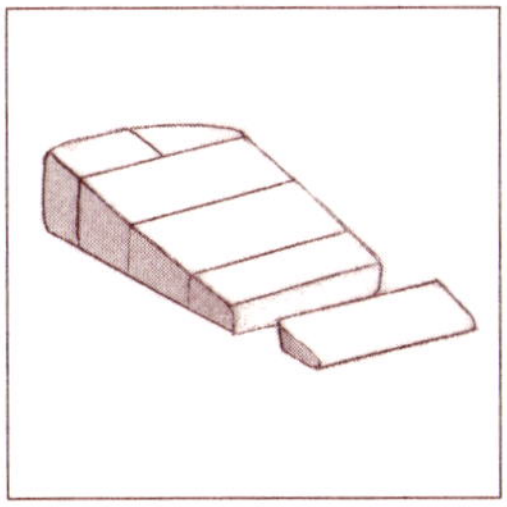

▸ Les fromages en parts comme le comté

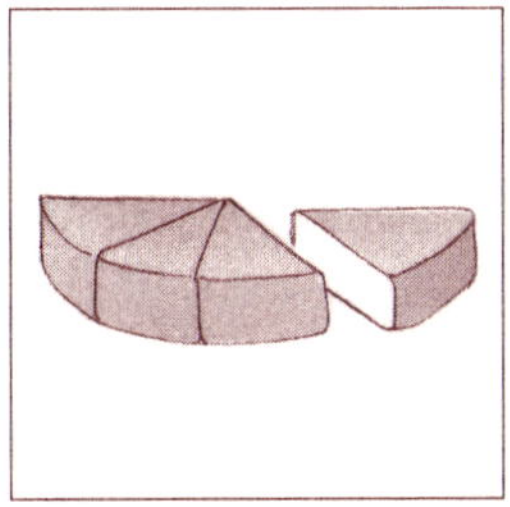

▸ Les fromages coupés en demi-lune comme la fourme d'Ambert

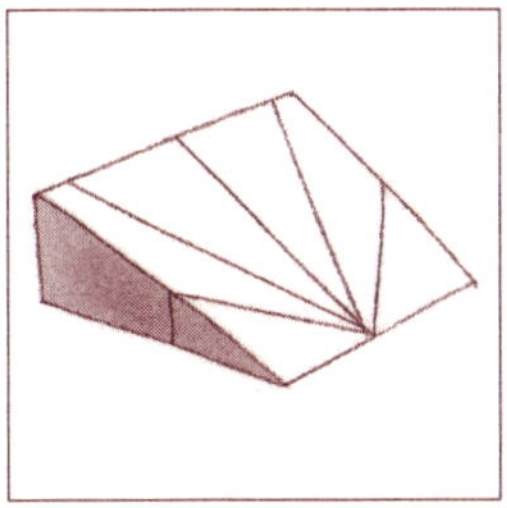

▸ Les fromages en parts comme le roquefort

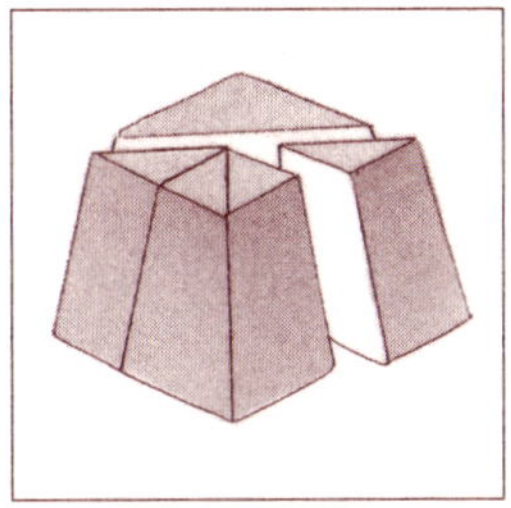

▸ Les fromages en forme de pyramide comme le valençay

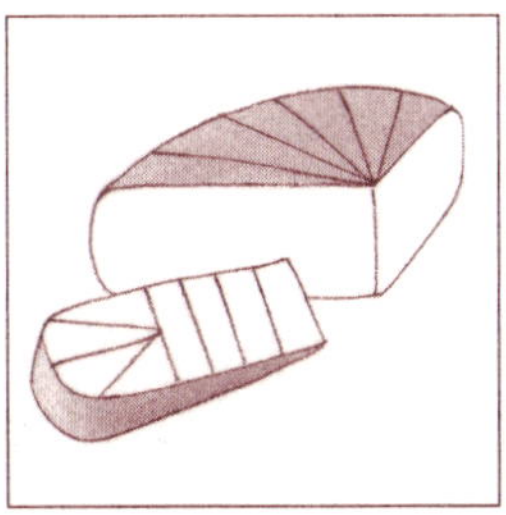

▸ Les fromages en portions comme le gouda

▸ Les fromages de formes particulières comme le neufchâtel

Fromages sous bonne garde

Finis les rogatons malodorants qui attendent une mort certaine au fond du réfrigérateur. Suivez mes conseils et vous conserverez ces jolis fromages choisis avec amour.

La boîte ou la cloche ?

- Si vous optez pour une boîte, prenez-la aérée. Utilisez le système D. Les boîtes hermétiques étant à proscrire, je vous propose de percer leur couvercle de quelques trous habilement répartis ! Vous éviterez ainsi tout souci de mauvaise fermentation. Rangez-les côte à côte dans leurs papiers d'origine.
- À nu, sur la planche de la cloche à fromage.
- Placez-les plutôt dans la partie du réfrigérateur où la température est la moins basse.
- Ils ont besoin d'air ! Le fromage est un produit vivant qui « respire » et dégage de l'humidité.
- La coupe, même si elle « fleurie », pourra être rafraîchie.
- Ainsi conservés, ils ne sècheront pas et continueront à s'affiner lentement, et vous pourrez les déguster jusqu'au bout !

20 ans déjà

- J'ose à peine l'écrire, cela fait 20 ans que je lutte contre l'idée reçue qu'un fromage ne se met pas au réfrigérateur. Si vous voulez les conserver, vous n'avez pas d'autre solution.
- Pour la consommation familiale, achetez peu de fro-

mages à la fois, afin de renouveler votre assortiment toutes les semaines.
N'hésitez pas, partez à l'aventure... Je vous propose de vivre de nouvelles expériences. La palette fromagère est immense. Choisissez des fromages que vous ne connaissez pas !

Oui, vous pouvez les congeler

- Excepté le fromage blanc, tout fromage se congèle.
- Le fromage doit être impérativement congelé à point. Ce traitement arrête sa maturation.
- Après décongélation, le consommer rapidement, car malgré tout la congélation fragilise le fromage.

Note à tous les « expats »

- Plage de sable blanc, cocotiers et camembert ne sont pas incompatibles. Demandez à votre fromager de le mettre sous vide. Il traversera ainsi avec vous continents et océans !

2 repas-fromages

Je n'ai pas pu résister…
Je vous confie deux de mes repas-fromages !

Pour 6 personnes

- Salade de mozzarella-cerise et tomates tout aussi cerises, accompagnées de basilic et d'huile d'olive.
- Chèvre frais… Les crottins me semblent parfaits !
- Selles-sur-cher moelleux.
- Brillat-savarin.
- Brie de Meaux classique ou « le double » chez les spécialistes.
- Reblochon fermier.
- Comté d'été.
- Pont-l'évêque.
- Époisses.
- Roquefort.

ou encore

Pour 6 personnes

- Fromage blanc aux poivrons ou aux concombres, servi avec des chips mexicaines.
- Banon de Provence à la sarriette.
- Saint-marcelin crémeux.
- Clacbitou.
- Camembert de Normandie.
- Saint-nectaire fermier.

- Tomme d'Abondance.
- Livarot.
- Fourme d'Ambert.
- Munster d'Alsace nature ou au cumin.

Ces fromages vous sont proposés du plus doux au plus fort afin de les apprécier au mieux de leurs qualités organoleptiques… tic… tic… Qui comme chacun sait se dit des substances capables d'impressionner nos sens. Génial, notre vocabulaire s'enrichit tous les jours !

Il est bien évident que vous pouvez vous écarter de ces listes sur les conseils de votre fromager.
Il saura en fonction des saisons et de l'affinage remplacer les fromages au sein de la composition afin de garder un bel équilibre gustatif.

Suggestions d'accompagnement

- Différentes variétés de salades : mesclun au printemps, endives en hiver.
Seulement à la fin de la dégustation car la vinaigrette et le fromage ne sont pas les meilleurs amis du monde !

Des pains

- C'est le moment de dévaliser votre boulanger… Pains aux figues, noix ou autres fruits secs. Pain de campagne. Pain aux céréales. Baguette bien craquante…

Des vins

- À l'apéro, vin blanc sauvignon ou sancerre à servir nature ou avec un soupçon de cassis. Gardez-le en début de repas.
- Continuez à partir du quatrième ou du cinquième fromage avec un bordeaux ou un vin de Loire, rouge bien sûr !
- Les derniers fromages, donc les plus forts, se découvriront sur un côte-du-rhône ou un bourgogne.
- Dernière suggestion… Rentrez à pied… Ou désignez un chauffeur en début de dégustation !

Le « Cabrifort »

Cette recette permet d'utiliser les vieux chèvres,
« les oubliés du frigo »
qui traînent depuis des semaines.
Si vous n'en avez pas, il y a dans les meilleures fromageries
un petit panier « rogaton, mais très bon »,
où vous trouverez ces merveilles, à des prix réduits.

Pour 4 à 6 personnes

La veille

Préparation : 15 min

Conservation : 15 jours

INGRÉDIENTS

180 g environ de vieux chèvres secs et plus si affinités… Crottin, chabis ou clacbitou…

50 g de beurre doux un peu mou

5 cl d'eau-de-vie

La veille

- Décroûtez les chèvres avec un petit couteau de cuisine.
- Râpez-les dans votre moulin à carottes.
- Travaillez avec une fourchette les chèvres râpés en ajoutant peu à peu le beurre mou et l'eau-de-vie de votre grand-oncle, du temps où il pouvait encore en fabriquer !
- Garnissez une petite terrine pour la chapeauter avant de la réserver au réfrigérateur.

Suggestion d'accompagnement

- Pain de campagne légèrement grillé.

Suggestions de dégustation

- Proposez, soit à l'apéro, soit au moment du plateau de fromage. Attention, prévenez vos invités. Cette préparation a du tempérament ! Palais fragiles s'abstenir.

La fourme d'Ambert
affinée aux côteaux-du-layon

La fourme d'Ambert est de la famille des pâtes persillées. Cette recette reprend les grands principes d'association des pâtes persillées et des vins doux naturels. Ce mariage permet d'associer les moisissures nobles du fromage et du vin. Demandez une fourme affinée et moelleuse à votre fromager.

Pour 4 à 6 personnes

La veille

Préparation : 15 min

Conservation : 5 jours

INGRÉDIENTS

300 g de fourme d'Ambert

10 cl de vin côteaux-du-layon

La veille

- Décroûtez le fromage à l'aide d'une lyre à foie gras ou d'un petit couteau de cuisine. On ne doit voir que la chair du fromage.
- Travaillez la fourme délicatement dans une assiette creuse avec une fourchette, en incorporant peu à peu le vin. Patience et application sont indispensables !
- Garnissez une petite terrine. Pensez à la chapeauter, elle ne doit pas sécher.
- Réservez au réfrigérateur.

Suggestion d'accompagnement

- Pains aux fruits secs, abricots ou raisins.

Suggestions de dégustation

- Sortez la fourme du réfrigérateur 1 h avant de la déguster.
- Proposez-la en complément de votre plateau de fromages, en excluant bien sûr toute autre pâte persillée.
- Servez le vin à l'apéro. Ce vin doux et naturel du Maine-et-Loire est très agréable.

Le coulommiers
affiné à la truffe fraîche

Cette recette est une adaptation libre du fameux brie aux truffes.
Choisissez ou demandez à votre fromager
un coulommiers au lait cru, moelleux à cœur mais surtout pas coulant.
Et quel plaisir de confectionner vous-même
cette belle préparation fromagère. Compte tenu de son format,
les arômes de la truffe
sont beaucoup plus concentrés que dans un brie.

Pour 4 à 6 personnes

24 h à l'avance

Préparation : 15 min

Conservation : 5 jours

INGRÉDIENTS

1 coulommiers
80 g de mascarpone crème
30 g de truffes fraîches
50 g de brisures de truffe avec leur jus
Sel fin

24 heures avant de servir

▸ Retirez délicatement la croûte supérieure du fromage à l'aide d'un petit couteau de cuisine, à la façon d'un chapeau. Veillez à ne laisser aucune trace de croûte sur le dessus, tout en retirant un minimum de chair. Réservez.

▸ Râpez finement la moitié de votre truffe fraîche.

▸ Mélangez dans un bol le mascarpone, les brisures de truffe, le jus, ainsi que la demi-truffe fraîche râpée. Ajoutez un trait de sel.

▸ Incisez la chair du coulommiers à l'aide d'un couteau pointu. Cela permet à la préparation de pénétrer le fromage.

▸ Étalez l'appareil mascarpone/truffe en ayant soin de ne pas déborder de la croûte.

▸ Émincez les restes de la truffe afin d'obtenir des rondelles presque transparentes. Le couteau économe est un bon outil.

▸ Répartissez ces rondelles sur le coulommiers le plus élégamment possible.

- Recouvrez-le d'une feuille de papier sulfurisé, puis emballez-le dans un film alimentaire.
- Réservez au réfrigérateur 24 h avant de servir.

Suggestion d'accompagnement

- Pain de campagne nature.

Suggestions de dégustation

- Sortez le coulommiers à la truffe du réfrigérateur 1 h avant de le déguster.
- Proposez-le en fromage unique... Très peu peuvent supporter sa concurrence !

Le mont d'or

affiné à la truffe fraîche

Peut-être la meilleure recette, et la plus originale, mise au point par mon mari, Alain, grand cuisinier à ses heures perdues.
Ce fromage doit être prêt à déguster à la cuillère.
Précisez à votre fromager le sort que vous réservez au mont d'or. Il le choisira d'autant mieux !

Pour 4 personnes

24 heures à l'avance

PRÉPARATION : 15 min

CONSERVATION : 4 jours

INGRÉDIENTS

1 mont d'or

30 g de truffes fraîches

50 g de brisures de truffe avec leur jus

24 heures avant de servir

- Découpez avec un couteau pointu la moitié de la hauteur de la boîte en bois où est niché le mont d'or. Manœuvre incontournable pour la suite des opérations !
- Retirer délicatement la croûte supérieure du fromage à l'aide d'un petit couteau de cuisine, à la façon d'un chapeau. Vous venez de « décalotter » votre fromage. Veillez à ne laisser aucune trace de croûte sur le dessus, tout en retirant un minimum de chair ! Si vous craignez de ne pas y arriver, demandez à votre fromager de le faire. Les bons et les gentils le font ! Réservez.
- Râpez finement la moitié de votre truffe fraîche.
- Mélangez dans un bol les brisures de truffe et leur jus, la moitié de la truffe fraîche râpée.
- Répartissez cette préparation sur le fromage.
- Émincez les restes de la truffe afin d'obtenir des rondelles presque transparentes. Le couteau économe est un bon outil.
- Répartissez ces rondelles sur le mont d'or le plus élégamment possible.

▸ Recouvrez-le d'une feuille de papier sulfurisé, puis emballez-le dans un film alimentaire.

▸ Réservez au réfrigérateur 24 h avant de servir.

Suggestions d'accompagnement

▸ Pain de campagne nature légèrement grillé, servi tiède.

Mont d'or… Truffe… Pain chaud… C'est du bonheur dans l'assiette…

▸ C'est aussi la saison des endives, proposez des feuilles d'endive en guise de mouillettes.

Suggestions de dégustation

▸ Sortez le mont d'or à la truffe du réfrigérateur 2 à 3 h avant de le déguster. Mais déballez-le uniquement au moment de servir.

▸ Proposez-le en fromage unique… Très peu peuvent supporter sa concurrence… À part le coulommiers aux truffes !

Fromage blanc, curry et ciboulette

Le jour J

2 min !

INGRÉDIENTS

400 g de fromage blanc lisse

2 cuil. à café de curry en poudre

1 bouquet de ciboulette

Le jour J

- Mélangez au fromage blanc le curry. Dosez-le à votre goût et ajoutez la ciboulette finement ciselée. C'est tout !
- Réservez au réfrigérateur sous un film alimentaire.

En accompagnement de

- Cette sauce accompagnera vos bâtonnets de légumes à l'apéritif.
- Elle donnera une seconde vie à un reste de poisson froid.

Les gougères du dimanche soir
La grande gougère

Dimanche soir…
Toujours la même question…
Le dîner ? 15 petites minutes de préparation…
Et le tour est joué, enfournez !

Pour 6 personnes

PRÉPARATION : 15 min (grande)
ou 25 min (petites)
CUISSON : 40 min (grande)
ou 20 min (petites)

INGRÉDIENTS

140 g de farine
5 œufs
110 g de beurre
12,5 cl de lait
100 g de comté
Noix muscade
Sel, poivre du moulin

Le jour J

- Préchauffez le four à 210 °C (th. 7).
- Préparez la pâte : versez 12,5 cl de lait et 12,5 cl d'eau dans une grande casserole. Ajoutez le beurre (coupé en morceaux, il fondra plus vite !) et 2 généreuses pincées de sel. Portez à ébullition. Ne quittez pas des yeux votre casserole, le lait peut déborder.
- Retirez la casserole du feu lorsque l'ébullition est atteinte.
- Baissez le feu, jetez la farine d'un seul coup dans la casserole. Remuez avec une cuillère en bois de façon à obtenir une pâte lisse. Remettez la pâte 2 min sur feu doux sans cesser de remuer. Éteignez le feu, réservez.
- Râpez le comté pendant que la pâte tiédit.
- Incorporez dans la pâte les œufs un à un en remuant énergiquement entre chaque. La pâte doit être tiède, et non trop chaude, au moment où vous ajoutez les œufs pour ne pas que le jaune cuise.
- Râpez un peu de noix muscade au-dessus du mélange et poivrez.
- Mélangez rapidement 80 g de comté râpé. J'ai bien dit rapidement, car si vous passez 5 min à tourner dans tous les sens, la gougère ne gonflera pas.

Suggestions de dégustation

- Avec la grande gougère, servez une grande salade verte !
- Le plus simplement du monde, servez les petites à l'apéro !

- Goûtez, rectifiez l'assaisonnement si nécessaire.
- Choisissez un moule à baba (moule rond avec un trou au milieu) et versez-y la pâte.
- Répartissez 20 g de comté sur la pâte. Enfournez sans attendre.
- Après 20 min de cuisson, baissez le four à 180 °C (th. 6).
- Poursuivez la cuisson encore 20 min, le four entrouvert.
- Au sortir du four, la gougère est merveilleusement gonflée. Ne rêvons pas, elle va perdre quelques centimètres avant même que vous ayez eu le temps de la déposer sur le plat de service. Si cela n'est pas le cas, c'est qu'elle est trop cuite donc sèche !
- Servez sans tarder.

Les petites gougères

Anticipez !
Congelez vos petites gougères, sans attendre, dès qu'elles sont refroidies.
Et le jour J, réchauffez-les !

La veille ou bien plus tôt...

- Beurrez légèrement la plaque du four ou recouvrez-la de papier sulfurisé.
- Formez des boules de pâte de la taille d'une petite mandarine ou d'une bouchée (pour l'apéritif) et déposez-les sur la plaque en veillant à ce qu'elles ne se touchent pas. Les gougères vont gonfler pendant la cuisson.

Variantes

* **Petites gougères aux champignons**. Émincez 250 g de champignons de Paris et faites-les sauter avec 20 g de beurre. Ajoutez 2 cuil. à soupe de persil plat haché, 1 gousse d'ail hachée, salez et poivrez. Garnissez-en les gougères.
* **Petites gougères à la tapenade**. Garnissez chaque gougère avec 1 cuil. à café de tapenade (p. 100).
* **Petites gougères aux poivrons et aux anchois**. Garnissez chaque gougère avec 1 cuil. à café de marinade de poivrons aux anchois (p. 106).

▸ Répartissez les 20 g de comté restant sur chacune d'elles. Enfournez sans attendre.

▸ Après 10 min de cuisson, baissez le four à 180 °C (th. 6). Continuez la cuisson encore 10 min, le four entrouvert.

▸ Congelez-les juste refroidies… À moins que vous ne sachiez résister !

Le jour J

▸ Préchauffez le four 15 min à 150 °C (th. 5).

▸ Répartissez les gougères sur une plaque et enfournez.

▸ Éteignez le four. Comptez environ 10 à 12 min. L'idée d'éteindre le four est très pratique, elle vous évite de surcuire vos aliments. Réutilisez-la, si besoin, pour réchauffer des petits fours.

Au menu	Entrée	Plat	Dessert
Menu duo	Les petites gougères	Filets de sole au curry et au haddock 54	Petits soufflés glacés au chocolat 208
Menu enfants-ados	Marinade de poivrons 106 *(sans les anchois)*	La grande gougère Salade verte	Vacherin express 211
Menu du dimanche soir	Terrine de courgettes à la menthe fraîche 101	La grande gougère Salade verte	Confit de pommes vanillées à la cannelle 190
Menu végétarien	Velouté de potiron 112	La grande gougère Salade verte	Infusion de fruits secs au Earl Grey et à la cannelle 192

Desserts

Coupe de fruits exotiques

Pour 4 personnes

Le jour J

PRÉPARATION : 15 min

REPOS AU FRAIS : 1 h au moins

INGRÉDIENTS

6 rondelles d'ananas frais

1 belle mangue

2 kiwis

6 litchis

1 petite banane

1/2 citron vert (jus)

6 cuil. à soupe de sirop de canne

Suggestion d'accompagnement

Servez avec des *Petits sablés au gingembre* (p. 227), des *Financiers* (p. 228), des *Croustillants aux pistaches* (p. 223).

Le jour J

- Préparez 6 rondelles dans un ananas frais. L'ananas se conserve bien. Soyez sans inquiétude, demain, il sera toujours bon. Pelez la mangue, les kiwis et la banane. Enlevez l'écorce des litchis. Coupez la pulpe de la mangue en lamelles. Tranchez les kiwis et les bananes en rondelles. Coupez les litchis en deux pour en enlever le noyau.
- Rassembler les fruits dans un saladier. Pressez le jus d'un demi-citron vert sur les fruits et ajoutez le sirop de canne. Mélangez délicatement.
- Goûtez, ajoutez du sirop si la salade ne vous paraît pas suffisamment sucrée.
- Réservez au réfrigérateur au minimum 1 h.

Variantes

- Ajoutez 1 cuil. à soupe de marasquin ou de rhum blanc.
- Parsemez de noix de coco râpée.
- Décorez de quelques feuilles de menthe fraîche.

Au menu	Entrée	Plat	Dessert
Menu d'été	Terrine de courgettes à la menthe fraîche 101	Sauté d'agneau aux pruneaux et aux pommes 66	Coupe de fruits exotiques
Menu d'hiver	Velouté de potiron 112	Bar de ligne en croûte de sel 46	Coupe de fruits exotiques

Coupe de fruits printemps-été

Pour 4 personnes

Le jour J

PRÉPARATION : 15 min

REPOS AU FRAIS : 1 h au moins

INGRÉDIENTS

2 pêches

2 brugnons

2 abricots

250 g de fraises

1 barquette de framboises (125 g)

10 cerises

6 cuil. à soupe de sucre en poudre

10 cl de banyuls

Facultatif

1 petit pot de crème fraîche

Le jour J

- Lavez les fruits, sauf les framboises que vous réserverez pour la déco. Cela ne veut pas dire les tremper dans une bassine ! Il faut simplement les passer sous un filet d'eau fraîche.
- Pelez les pêches. Dénoyautez abricots et cerises. Équeutez les fraises.
- Coupez les fruits dans un saladier, sauf les fraises si elles sont petites. Saupoudrez la salade de sucre en poudre.
- Ajoutez 10 cl de banyuls et remuez tout en délicatesse.
- Terminez en dispersant les framboises sur les fruits.
- Réservez au réfrigérateur au moins 1 h.
- Ménagez la silhouette de vos amis, en proposant la crème à part !

Suggestion d'accompagnement

Servez avec des *Petits sablés à l'amande amère* (p. 227), des *Financiers* (p. 228), des *Croustillants aux amandes* (p. 222).

Au menu	Entrée	Plat	Dessert
Menu de printemps	Marinade de poivrons aux anchois 106	Pavés de cabillaud au confit d'échalotes et miel d'acacia 52	Coupe de fruits printemps-été
Menu d'été	Petits légumes du soleil 129	Terrine de Saint-Jacques au beurre blanc 44 Riz blanc	Coupe de fruits printemps-été
Menu d'été	Tarte à la courgette et au comté 138	Ma blanquette d'agneau 91	Coupe de fruits printemps-été

Coupe de fruits automne-hiver

Pour 4 personnes

Le jour J

PRÉPARATION : 15 min

REPOS AU FRAIS : 1 h au moins

INGRÉDIENTS

2 oranges
2 poires
2 pommes
1 banane
1 kiwi
4 rondelles d'ananas frais
4 oreillons de pêches au sirop
3 cuil. à soupe de miel d'acacia
1 cuil. à soupe de rhum brun ambré

Le jour J

- Pelez 1 orange à vif (évitez de laisser de la peau blanche), ainsi que les poires, les pommes, la banane et le kiwi. Coupez-les en tranches, ainsi que l'ananas et les oreillons de pêches.
- Pressez l'orange restante pour en mélanger son jus au miel d'acacia et au rhum. Versez cette préparation sur les fruits.
- Mélangez délicatement. Goûtez. Vous trouvez que cela n'est pas assez sucré ? Ajoutez 1 cuil. à soupe de sucre en poudre.
- Réservez au réfrigérateur au moins 1 h.

Tout sur les ingrédients

Des pêches au sirop ? Je sais... Je triche... Ne me demandez pas pourquoi ! J'aime les pêches. Par contre, le sirop, lui, reste dans la boîte !

Au menu	Entrée	Plat	Dessert
Menu d'automne	Velouté de potiron 112	Tendron de veau aux olives 88	Coupe de fruits automne-hiver
Menu d'hiver	Petites gougères aux champignons 177	Poule sauce suprême 84 Riz blanc	Coupe de fruits automne-hiver
Menu de copains	Rillettes aux 2 saumons 32	Agneau au lait de coco et aux amandes 68	Coupe de fruits automne-hiver

Variante

Parsemez d'amandes effilées légèrement dorées.

Fruits rouges du jardin de mes voisins

Mes voisins ont un merveilleux jardin.
C'est aussi un lieu où-les-fruits-mûrissent-quand-il-faut.
Il y a des sensations que l'on ne peut décrire,
il faut les goûter pour les vivre.

Pour 6 personnes

La veille

Préparation : 10 min

Cuisson : 5 min

Le jour J

Préparation : 10 min

Repos au frais : 1 h

INGRÉDIENTS

- 1 orange non traitée
- 1 citron vert non traité
- 250 g de fraises
- 120 g de fraises des bois
- 120 g de framboises
- 120 g de groseilles
- 100 g de cassis
- 50 cl de monbazillac
- 140 g de sucre en poudre
- 1 bâton de cannelle
- 1 cuil. à café de baies de poivre rose
- 18 petites feuilles de menthe

La veille

Concoctons l'infusion !

- Lavez l'orange et le citron. Pelez le zeste des agrumes à l'aide d'un couteau économe. Faites attention de ne pas prélever la partie blanche de la peau, le zist, car elle contient toute l'arnertume du fruit.
- Découpez ces bandes en lamelles de façon à former des filaments.
- Blanchissez-les 2 min dans l'eau bouillante : portez à ébullition une casserole d'eau. Quand l'eau bout, versez les zestes et comptez 2 min à partir de la reprise de l'ébullition. Égouttez et réservez les zestes sur une feuille de papier absorbant.
- Ouvrez la bouteille de monbazillac et versez 50 cl dans une casserole.
- Ajoutez les filaments d'agrumes, le sucre en poudre, le bâton de cannelle, les baies de poivre rose.
- Portez à ébullition 5 min. Laissez refroidir.
- Réservez au réfrigérateur jusqu'au lendemain recouvert d'un film alimentaire.

Le jour J

Les fruits rouges

- Équeutez les framboises. Égrappez les groseilles et le cassis à l'aide d'une fourchette que vous utiliserez comme un peigne. Ne les lavez pas ou, si c'est inévitable, passez-les d'abord très rapidement sous un filet d'eau fraîche et déposez-les immédiatement sur du papier absorbant.
- Versez les fruits dans le sirop froid.
- Réservez 1 h au réfrigérateur. Les arômes subtils et savoureux du vin, des épices et des fruits vont se mêler.

La récré est terminée !

- Enlevez le bâton de cannelle et, dans la mesure du possible, les baies de poivre rose.
- Ajoutez les fraises et fraises des bois équeutées. Mélangez avec une grande délicatesse !
- Répartissez les fruits dans 6 coupes. Décorez de quelques feuilles de menthe.

Suggestions d'accompagnement

- Des *Petits sablés au gingembre* (p. 227) ou des *Petits sablés au citron* (p. 227).
- De fines tranches de *Quatre-quarts au zeste de citron* (p. 234).

Choix des produits

C'est là qu'il est précieux de disposer d'une voisine et de son jardin ! Si vous n'avez pas cette chance, choisissez un bon primeur chez qui vous achèterez les fruits. Soyez exigeant. En effet, les fruits qui ont séjourné dans le frigo perdent toutes leurs qualités.

Au menu	Entrée	Plat	Dessert
Menu de printemps	Petits légumes du soleil 129	Le curry d'agneau d'Indira 70 Riz basmati	Fruits rouges du jardin de mes voisins
Menu d'été	Petits gratins de courgettes au basilic et coulis de tomate 125	Papillotes de saumon, fèves et petits lardons au beurre de ciboulette 40	Fruits rouges du jardin de mes voisins
Menu de copains	Filets de sardine au citron vert et au basilic 36	Grande gougère 175 Salade verte	Fruits rouges du jardin de mes voisins

Fraises au gingembre confit

*C'est le fruit de la saison, joliment galbé, infiniment coloré.
Les fraises sont prêtes à toutes les fantaisies
en matière d'association.*

Pour 4 personnes

La veille

PRÉPARATION : 10 min

CUISSON : 15 min

Le jour J

PRÉPARATION : 5 min

REPOS AU FRAIS : 1 h

INGRÉDIENTS

600 g de fraises

1 orange (jus)

1/2 citron (jus)

50 g de gingembre frais

10 cl de sirop de canne à sucre

Pour accompagner

1 glace à la vanille

Feuilles de menthe

La veille

- Remplissez un bol d'eau froide.
- Pelez le gingembre à l'aide d'un couteau économe et découpez-le en fines lamelles. Taillez ces lamelles en bâtonnets très très fins. Réservez-les dans le bol.
- Portez à ébullition le sirop de canne et le jus du 1/2 citron.
- Égouttez les bâtonnets de gingembre avant de les jeter dans le sirop en ébullition.
- Laissez frémir à petit feu le plus tranquillement du monde pendant 15 min.
- Une fois refroidi, réservez le gingembre confit au réfrigérateur.

Le jour J

- Lavez les fraises sous un filet d'eau fraîche sans jamais les faire tremper.
- Arrosez-les d'une orange pressée. Réservez au réfrigérateur.
- Au moment de servir, présentez dans 4 assiettes les fraises, le gingembre confit et la glace.
- Apportez la touche finale avec une feuille de menthe et quelques petits sablés du placard ou, pourquoi pas les vôtres.

Variantes

- Vous n'avez plus de glace à la vanille ? Dispersez quelques copeaux de chocolat noir dans les assiettes. Pas de panique, les copeaux… Rien de plus facile. Une tablette de chocolat et un couteau économe suffisent.
- Remplacez la glace à la vanille par une glace au miel, commandée chez votre pâtissier-glacier.

Suggestions d'accompagnement

- Des *Croustillants aux amandes* (p. 222).
- Des *Petits sablés au gingembre* (p. 227), pour les adeptes.

Au menu	Entrée	Plat	Dessert
Menu d'été	Tarte à la courgette et au comté 138	Bar de ligne en croûte de sel 46	Fraises au gingembre confit
Menu de copains	Marinade de poivrons aux anchois 106	Tarte à la courgette et au comté 138 Salade verte	Fraises au gingembre confit
Menu du dimanche soir	Amuse-bouche 13	Brochettes de poulet tikka 86	Fraises au gingembre confit

Salade d'oranges à la fleur d'oranger

Couleurs chaudes, matières pulpeuses,
jouez la transparence,
présentez cette salade dans un plat en verre !

Pour 6 personnes

Le jour J

Préparation : 15 min

Repos au frais : 1 h

INGRÉDIENTS

7 oranges

1/2 citron (jus)

Quelques feuilles de menthe

4 cuil. à soupe de sucre en poudre

2 cuil. à soupe d'eau de fleur d'oranger

Cannelle en poudre

Le jour J

- Pelez 6 oranges à vif à l'aide d'un petit couteau bien aiguisé. À vif...? Quand l'orange est pelée, il ne doit plus y avoir de peau blanche. Vous devez voir la pulpe du fruit.
- Découpez les oranges en fines rondelles et si besoin, enlevez les pépins.
- Tapissez le saladier de tranches d'orange en plaçant, de temps à autre, quelques feuilles de menthe et en poudrant légèrement de sucre. Attention de ne pas tomber dans le systématique : rondelle, feuille, rondelle, feuille... Pensez la déco plutôt : mosaïque...!
- Répartissez le reste des fruits en saupoudrant au fur et à mesure le reste de sucre en poudre.
- Pressez la dernière orange et le demi-citron sur les fruits, sans oublier d'ajouter l'eau de fleur d'oranger. Terminez en parsemant la cannelle.
- Réservez au moins 1 h au réfrigérateur avant de servir.

Suggestions d'accompagnement

- Des *Tartelettes sablées tout chocolat* (p. 221).
- Des *Croustillants aux amandes* (p. 222), des *Croustillants aux pistaches* (p. 223), des *Croustillants aux noisettes* (p. 223).
- Des *Petits sablés à l'amande amère* (p. 227), des *Petits sablés à l'orange confite* (p. 227).
- Une tranche de *Cake à l'orange confite* (p. 237).

Au menu	Entrée	Plat	Dessert
Menu d'hiver	Tarte aux poireaux et aux lardons 140	Crevettes à la sauce tomate-gingembre 48 Riz blanc	Salade d'oranges à la fleur d'oranger Petits sablés à l'orange confite 227
Menu de copains	Ma tapenade 100 Confit d'aubergine 98 Pain de campagne	Jarret de porc Shantung 78 Riz thaï	Salade d'oranges à la fleur d'oranger Croustillants aux pistaches 223
Menu végétarien	Terrine de courgettes à la menthe fraîche 101	Gratin de petits légumes du soleil 130	Salade d'oranges à la fleur d'oranger Cake à l'orange confite 237

Confit de pommes
vanillées à la cannelle

Plein zoom sur les pommes.
Un souffle d'air frais
aux couleurs résolument automnales.

Pour 6 personnes

La veille

Préparation : 15 min

Cuisson : 1 h 30

Le jour J

0 min !

INGRÉDIENTS

3 pommes reinettes
3 pommes granny-smith
3 boskoop
3 golden
110 g de sucre en poudre
1 gousse de vanille
1 cuil. à café rase de cannelle

La veille

Les pommes

- Préchauffez le four à 180 °C (th. 6).
- Fendez la gousse de vanille dans le sens de la longueur pour en extraire les graines. Mélangez-les au sucre en poudre et à la cannelle.
- Mouillez le fond et les parois d'une cocotte en fonte suffisamment grande pour accueillir les 12 pommes.
- Tapissez l'intérieur de la cocotte de 3 cuil. à soupe de sucre aromatisé.
- Pelez une première pomme. Coupez-la en quatre puis chaque quartier en trois.
- Commencez à tapisser le fond de la cocotte. Épluchez une autre pomme en prenant soin de choisir une variété différente. Continuez ainsi jusqu'à épuisement des stocks, sans omettre de sucrer entre chacune des couches. Il est important de bien imbriquer les lamelles les unes aux autres.
- Saupoudrez de sucre parfumé une dernière fois.
- Couvrez, enfournez dans un premier temps pour 45 min.

Prenez un bouquin… 45 min après

- Ouvrez la cocotte. À l'aide d'une écumoire, tassez les pommes jusqu'à ce que leur jus les affleure.
- Enfournez à nouveau pour environ 45 min. Au sortir du four, les pommes sont dorées et il reste peu de jus.
- Faites maintenant glisser le confit dans un moule à soufflé.
- Tassez-le, laissez refroidir.
- Réservez le confit de pommes au réfrigérateur.

Le jour J

- Servez le confit de pomme très frais accompagné d'un fromage blanc lisse ou d'une crème fraîche épaisse.

Au menu	Entrée	Plat	Dessert
Menu de copains	Marinade de poivrons aux anchois 106	Tarte à la courgette et au comté 138 Salade verte	Confit de pommes vanillées à la cannelle
Menu végétarien	Terrine de courgettes à la menthe fraîche 101	Poêlée de tomates au thym 132	Confit de pommes vanillées à la cannelle
Menu du dimanche soir	Tomates cerises pour patienter	Émincé de fenouil au coulis de tomate 118	Confit de pommes vanillées à la cannelle

Infusion de fruits secs
au thé Earl Grey et à la cannelle

Il y a fruits secs et… fruits secs.
Donnez-vous la peine d'aller un peu plus loin
que le supermarché du coin de la rue.
Achetez-les au marché, cela fera la différence !

Pour 6 à 8 personnes

La veille

Préparation : 5 min

Cuisson : 5 min

Le jour J

Finition : 5 min

INGRÉDIENTS

100 g d'abricots secs
50 g de figues sèches
100 g de dattes séchées
100 g de pruneaux
25 g de raisins blonds
25 g de raisins bruns
1 bâton de cannelle
50 g de sucre en poudre
10 cl de porto
2 sachets de thé Earl Grey

Pour accompagner

Glace à la vanille

La veille

- Faites bouillir 50 cl d'eau dans une casserole. Éteignez le feu, mettez à infuser les sachets de thé Earl Grey pendant 3 min, puis enlevez-les.
- Versez le porto et le sucre en poudre dans la casserole. Portez à ébullition environ 5 min.
- Pendant ce temps, coupez en deux ou en trois les abricots et les figues.
- Dénoyautez et coupez les dattes et les pruneaux.
- Ajoutez au sirop tous les fruits sans oublier les raisins et le bâton de cannelle.
- Éteignez le feu et couvrez la casserole. Réservez jusqu'au lendemain.

Le jour J

- Au moment de servir, alignez 6 ou 8 ramequins. Répartissez les fruits dedans.
- Terminez par une boule de glace à la vanille. Servez sans attendre.

Idées gourmandes

- Si, par un heureux hasard, quelques pistaches émondées et noisettes croisent votre regard, concassez-les grossièrement et éparpillez-les, l'air de rien !
- Vous pouvez aussi accompagner cette infusion d'une glace à la cannelle ou d'une glace à la figue.

Au menu	Entrée	Plat	Dessert
Menu d'automne	Petites gougères aux champignons 177	Canette de Barbarie aux pommes et au calvados 76	Infusion de fruits secs au thé Earl Grey et à la cannelle
Menu de copains	Tarte aux poireaux et aux lardons 140	Ma blanquette de veau 90	Infusion de fruits secs au thé Earl Grey et à la cannelle
Menu d'hiver	Rillettes aux 2 saumons 32	Tendron de veau aux olives 88	Infusion de fruits secs au thé Earl Grey et à la cannelle

Pêches et abricots aux épices

Trois filles dans le tempo de leur cuisine.
Tracy Chapman en arrière-plan,
quelques fruits, un peu de vin, il vous suffit d'un rien !

Pour 4 personnes

La veille

Préparation : 15 min

Cuisson : 20 min

Le jour J

C'est fini ou presque !

INGRÉDIENTS

4 pêches blanches
4 brugnons
8 abricots
10 grains de poivre vert
2 clous de girofle
1 cuil. à soupe de gingembre frais ou surgelé
1 fragment de bâton de cannelle
1 bouteille de buzet rosé
50 g de sucre roux en poudre

La cannelle

Pour permettre à la cannelle de bien diffuser son arôme dans le vin, pensez à partager le fragment en deux dans le sens de la longueur. Les épices vont quant à elles infuser dans le vin et révéler tous leurs parfums.

La veille

- Versez le vin dans une casserole.
- Ajoutez au vin le fragment de cannelle, les grains de poivre, les clous de girofle, le sucre roux et le gingembre.
- Portez à ébullition 10 min.
- Pelez les pêches et les brugnons. Lavez les abricots.
- Partagez-les en deux, enlevez les noyaux et coupez à nouveau les pêches et les brugnons.
- Déposez les fruits dans le vin. Dès la reprise de l'ébullition, comptez 20 min à feu doux. Le temps de cuisson peut varier selon la maturité des fruits que vous utilisez.
- Disposez les fruits dans le plat.
- Faites réduire le sirop d'un tiers, versez-le sur les fruits.
- Laissez refroidir à découvert.
- Réservez au réfrigérateur jusqu'au lendemain.

Suggestions d'accompagnement

- Des *Petits sablés* (p. 226).
- Un *Quatre-quarts au zeste de citron* (p. 234).
- Des *Financiers* (p. 228).

Au menu	Entrée	Plat	Dessert
Menu d'été	Confit d'aubergine 98 Ma tapenade 100 Pain de campagne	Papillotes de saumon, fèves et petits lardons au beurre de ciboulette 40	Pêches et abricots aux épices
Menu du dimanche	Marinade de poivrons aux anchois 106	Agneau au lait de coco et aux amandes 68 Riz basmati	Pêches et abricots aux épices

Crumble « too much »

Facultatif, la crème !
Mais vivement conseillée. Vous n'en achetez jamais car vous savez que vous allez dévorer le pot.
Faites une exception. Choisissez-la, chez votre fromager, épaisse, onctueuse. Consommez-la sans modération et avec délectation.
Réflexion faite. Prenez-en deux !

Pour 6 personnes

La veille

Préparation : 10 min

Le jour J

Préparation : 10 min

Cuisson : 1 h

INGRÉDIENTS

Pour la pâte

120 g de farine

120 g de sucre en poudre

120 g de beurre froid

1 pincée de sel

Pour la garniture

4 pommes de 2 ou 3 variétés différentes : canada, golden, reinette…

2 poires

3 cuil. à soupe de sucre en poudre

La veille

La pâte

- Versez dans une terrine la farine, le sucre en poudre, le beurre froid coupé en petits morceaux, 1 pincée de sel. J'insiste : le beurre doit être bien froid.
- Mélangez rapidement, du bout des doigts, tous les ingrédients jusqu'à l'obtention d'une pâte sableuse. Ne cherchez pas à l'assembler et à en faire une boule.
- Réservez au réfrigérateur.

Le jour J

Les fruits

- Préchauffez le four à 180 °C (th. 6).
- Pendant ce temps, pelez les pommes et les poires. Coupez-les en quartiers, et les quartiers en trois.
- Disposez les fruits dans le plat à gratin.
- Saupoudrez-les de 3 cuil. à soupe de sucre et de 1 cuil. à café rase de cannelle. Mélangez.

1 cuil. à café rase de cannelle

80 g d'amandes effilées

Pour servir

Crème fraîche

- Éparpillez la pâte sur les fruits en la tassant légèrement.
- Parsemez d'amandes effilées.
- Enfournez pour 1 h. Le temps de cuisson peut vous paraître long, mais la pâte doit être bien dorée et le bord caramélisé.
- Servez tiède, sans démouler bien sûr, accompagné de crème si vous n'avez pas déjà terminé le pot !

Bon à savoir

- Le mélange de variétés des fruits donne la petite chose en plus que n'aura jamais le crumble de votre cousine. Vous n'êtes pas obligé de le lui dire !
- Impossible de retrouver la cannelle ? Restez « cool ». Il y a certainement un citron dans les parages. Lavez-le soigneusement. Prélevez 1/4 du zeste à l'aide d'un couteau économe.

Variantes

* **Crumble aux fruits rouges**. Remplacez les pommes et les poires par environ 800 g de fruits rouges : fraises et framboises saupoudrées de 3 cuil. à soupe de sucre.

* **Petits crumbles aux poires**. Pour un petit dîner plus raffiné, réalisez des crumbles individuels aux poires. Choisissez pour cela des plats en porcelaine à feu. Pensez simplement à réduire le temps de cuisson (environ 35 min).

Au menu	Entrée	Plat	Dessert
Menu d'hiver	Rillettes aux 2 saumons 32	Brochettes de poulet tikka 86 Riz basmati	Crumble « too much »
Menu végétarien	Terrine de courgettes à la menthe fraîche 101	Gratin de petits légumes du soleil 130	Crumble aux fruits rouges

Crème anglaise
à la vanille

Pour 4 personnes

La veille

Préparation : 5 min

Cuisson : 3 ou 4 min

Le jour J

La poser sur la table !

INGRÉDIENTS

50 cl de lait entier

5 jaunes d'œufs

60 g de sucre en poudre

1 gousse de vanille

Trucs et astuces

Ne jetez surtout pas les blancs d'œufs ! En trois coups de cuillère à pot, faites des financiers (p. 228).

La veille

- Choisissez le plat dans lequel vous servirez la crème, mettez-le au réfrigérateur. Il est important que le plat soit froid. Le moment voulu, il va arrêter la cuisson.

- Dans une casserole sur feu moyen, versez le lait. À l'aide d'un couteau, fendez la gousse de vanille dans la longueur, raclez soigneusement l'intérieur et mettez le tout dans le lait. Faites bouillir en surveillant attentivement, car le lait déborde très vite !

Votre gousse est raide ? Ne tentez pas de la couper en deux. Laissez-la s'assouplir dans le lait bouillant. Vous la couperez et gratterez l'intérieur ensuite.

- Dès que le lait monte, éteignez le feu et couvrez la casserole.

- Dans une terrine, battez les jaunes d'œufs et le sucre en poudre jusqu'à ce que le mélange blanchisse. Utilisez un fouet électrique. Vous obtiendrez un meilleur résultat et surtout beaucoup plus rapidement.

- Délayez peu à peu le lait dans les œufs. Versez la crème dans une casserole à fond épais. Choisissez une spatule en bois plutôt qu'une cuillère afin de bien racler le fond. Sous aucun prétexte, vous ne devez quitter des yeux votre casserole.

- Faites épaissir à feu très doux et sans cesser de remuer jusqu'à ce que la crème nappe la spatule. C'est à cet instant précis qu'il faut être vigilant : dès que la crème nappe la spatule, passez un doigt dessus, la trace laissée doit être bien nette.

- Éteignez le feu, et précipitez-vous sur votre réfrigérateur pour prendre le plat. Versez sans attendre la crème et laissez-la refroidir avant de la mettre au réfrigérateur.

Variantes

* **Crème anglaise au café**. Remplacez la vanille par 1 cuil. à soupe d'extrait de café que vous ajouterez en fin de cuisson.

* **Crème anglaise au chocolat**. Ajoutez 40 g de cacao amer en poudre au mélange jaunes d'œufs-sucre dès qu'il est bien blanchi, avant d'incorporer le lait.

* **Crème anglaise au caramel**. Remplacez la vanille par 5 cl de caramel liquide que vous ajouterez en fin de cuisson.

* **Crème anglaise à la pistache**. Passez au mixeur 75 g de pistaches mondées avec 30 g de sucre (le sucre empêche qu'elles ne rendent de l'huile) afin de les réduire en poudre. Portez à ébullition le lait, lui mêler aussitôt le contenu du mixeur, laissez macérer hors du feu, à couvert pendant 20 min, en remuant de temps en temps. Au bout de ce temps, remettez sur le feu, portez à nouveau à ébullition. Dans une terrine, battez les jaunes d'œufs avec 40 g de sucre en poudre. Passez le lait à la pistache, encore chaud, à travers une mousseline. Ajoutez 1 ou 2 gouttes de colorant vert alimentaire. Continuez à fouetter le mélange œufs-sucre en lui incorporant le lait pistaché. Reverser dans la casserole et laissez épaissir sur feu doux pendant 3 à 4 min, en remuant sans cesse.

Bon à savoir

- Si vous faites trop cuire votre crème anglaise, elle va « se brosser », c'est-à-dire former des grumeaux. Je vous rassure, ce n'est pas la fin du monde. Remplissez une bouteille en verre de crème juste tiède aux 3/4. Fermez-la et en tenant le bouchon, agitez-la de toutes vos forces.
- Vous pouvez conserver cette crème 24 h au réfrigérateur.
- Vous pouvez congeler cette crème anglaise et la conserver 3 mois.

Suggestions d'accompagnement

- *Le gâteau au chocolat de ma voisine préférée* (p. 216).
- Des *Financiers* (p. 228).
- Un *Quatre-quarts au zeste de citron* (p. 234).
- Des *Petits moelleux au chocolat* (p. 218).

Au menu	Entrée	Plat	Dessert
Menu d'été	Millefeuille de tomate-mozzarella 104	Gratin de petits légumes du soleil 130	Crème anglaise Gâteau au chocolat de ma voisine préférée 216
Menu du dimanche soir	Velouté de cresson 116	Émincé de fenouil au coulis de tomate 118	Crème anglaise à la pistache Financiers 228

Petits pots de crème
safranée au miel

Trois mots suffisent...
Subtilité, finesse, délicatesse.

Pour 10 petits pots !

La veille

Préparation : 10 min

Cuisson : 50 min

Le jour J

0 min !

INGRÉDIENTS

8 jaunes d'œufs

700 g de crème fleurette

140 g de miel

1 dose de safran en poudre (2 g)

2 cuil. à soupe de sucre de canne

La veille

- Préchauffez le four à 150 °C (th. 5).
- Mélangez dans un cul-de-poule le miel et les jaunes d'œufs.
- Ajoutez la crème fleurette et la poudre de safran.
- Versez l'appareil dans des ramequins ou des cassolettes, ne les remplissez qu'aux 3/4. Pour info, j'utilise des ramequins de 8 cm de diamètre et de 4,5 cm de hauteur.
- Préparez maintenant un bain-marie pour faire cuire les crèmes. Attention de ne pas mettre trop d'eau. En aucun cas l'eau ne doit déborder dans les ramequins.
- Enfournez pour 50 min.
- Vérifiez la cuisson au sortir du four en enfonçant dans la crème un couteau fin et pointu.
- Allumez le gril de votre four position maximale.
- Enlevez les ramequins du bain-marie. Posez-les sur la grille du four. Saupoudrez les crèmes de sucre de canne. Enfournez-les et ne les quittez plus des yeux. Ils vont rapidement dorer.
- Donnez-leur maintenant le temps de refroidir et protégez-les d'un film avant de les réservez au réfrigérateur.

Le jour J

Ouvrez le réfrigérateur, ôtez le film et offrez les petits pots de crème à vos invités.

Idée buffet

Empruntez à votre meilleure copine de tout petits ramequins. Procédez de la même façon en pensant toutefois à réduire le temps de cuisson.

Au menu	Entrée	Plat	Dessert
Menu d'été	Rillettes aux 2 saumons 32	Thon froid au poivron rouge, tomate et piment d'Espelette 57	Petits pots de crème safranée au miel
Menu de copains	Marinade de poivrons aux anchois 106	Les 10 petits calmars 28	Petits pots de crème safranée au miel
Menu végétarien	Salade de carottes râpées et oranges à la fleur d'oranger 108	Émincé de fenouil au coulis de tomate 118	Petits pots de crème safranée au miel
Menu du dimanche soir	Cocktail de crevettes, pamplemousse et avocat 35	Gratin de petits légumes du soleil 130	Petits pots de crème safranée au miel
Menu d'automne	Velouté de potiron 112	Canette de Barbarie aux pommes et au calvados 76	Petits pots de crème safranée au miel

Crème caramel

Renversons la crème au caramel !
Branle-bas de combat…
Ce n'est pas une raison pour mettre votre cuisine sens dessus dessous, mais il vous faut un cuit-vapeur et un moule qui veuille bien rentrer dans ce dernier.

Pour 6 personnes

La veille

Préparation : 15 min

Cuisson : 45 min

Le jour J

Je démoule !

INGRÉDIENTS

3/4 de litre de lait
3 œufs entiers
3 jaunes
125 g de sucre en poudre
10 morceaux de sucre
1 gousse de vanille

La veille

- Faites bouillir le lait avec le sucre. Ajoutez la gousse de vanille fendue dans le sens de la longueur en prenant soin de gratter les graines et de les ajouter au lait. Si la gousse est raide, ne tentez pas de la partager. Laissez-la d'abord s'assouplir dans le lait.
- Éteignez le gaz lorsque l'ébullition est atteinte. Si cela n'a pas été fait, coupez la gousse de vanille et dégagez les graines à l'aide d'un couteau. Couvrez et laissez infuser.
- Préparez le caramel sur feu vif dans le moule que vous utiliserez, avec les 10 morceaux de sucre et 2 cuil. à soupe d'eau. Ne le quittez surtout pas des yeux, le sucre se colore rapidement. Réservez.
- Faites bouillir l'eau dans la partie inférieure du cuit-vapeur.
- Battez dans un cul-de-poule les œufs entiers et les jaunes. Mélangez à l'aide d'un fouet le lait aux œufs par petites fractions. Enlevez la gousse de vanille.
- Versez l'appareil sur le caramel froid.
- Enveloppez le plat de façon étanche avec du papier d'alu. L'étanchéité est importante, il ne faut absolument pas que la vapeur entre dans le moule.

- Déposez ce dernier dans le panier supérieur du cuit-vapeur dès que l'ébullition est atteinte. Je préfère le cuit-vapeur au four. J'obtiens une cuisson parfaite.
- Couvrez et laissez cuire 45 min.
- Enlevez sans attendre le papier d'alu pour éviter la formation de condensation.
- Laissez refroidir la crème avant de la réserver au réfrigérateur.

Le jour J

- Démoulez la crème dans un plat creux, seulement au moment de servir, en ayant pris soin de passer un couteau le long des parois du moule.

Au menu	Entrée		Plat		Dessert
Menu de copains	Amuse-bouche	13	Sauté de veau aux 2 poivrons	92	Crème caramel
Menu du dimanche soir	Tarte à la ratatouille	128	Rôti de bœuf à la poêle *(servi froid)* Salade verte	72	Crème caramel
Menu de printemps	Cocktail de crabe, pamplemousse et avocat	34	Brochettes de poulet tikka	86	Crème caramel

Le tiramisù des copains

Marcello via Ursula via Martine.
Cette recette a pour ainsi dire fait le tour de l'Europe, avant d'arriver jusqu'à vous. Réellement, elle est la meilleure de toutes celles que j'ai eu l'occasion de goûter.

Pour 8 personnes

La veille
PRÉPARATION : 15 min

Le jour J
FINITION : 2 min

INGRÉDIENTS

- 500 g de mascarpone
- 4 œufs
- 60 cl de café fort
- 100 g de sucre en poudre
- 30 biscuits à la cuillère
- 1 cuil. à soupe de cacao amer
- 1 pincée de sel

La veille

- Préparez 60 cl de café fort. Laissez-le refroidir dans un plat creux.
- Séparez les blancs des jaunes d'œufs. Réservez les blancs dans le saladier où vous les monterez en neige.
- Versez le sucre en poudre sur les jaunes. Fouettez jusqu'à ce que le mélange blanchisse. Cette étape a son importance. La légèreté de l'entremets en dépend. Incorporez progressivement le mascarpone avec une cuillère en bois, en un mouvement lent et circulaire s'élargissant du centre vers le bord du plat.
- Montez les blancs en neige très ferme sans oublier la pincée de sel, elle affermit les blancs.
- Mélangez progressivement les blancs en neige à la crème en accomplissant à nouveau un mouvement lent et circulaire, cette fois du bas vers le haut.
- Posez devant vous un grand moule à cake, d'un côté le plat contenant le café, de l'autre celui contenant la crème.
- Trempez un premier biscuit rapidement dans le café froid. Posez-le dans le moule à cake. Tapissez ainsi le fond du moule. Recouvrez les biscuits de crème.

- Trempez une autre série de biscuits dans le café. Cette série de biscuits doit être immergée un peu plus longtemps... Mais pas trop non plus !

- Poursuivez la superposition, en terminant par les biscuits. Recouvrez le moule d'un film alimentaire.

- Réservez en haut du réfrigérateur. Et... patience, demain seulement vous le goûterez.

Le jour J

- Démoulez juste avant de servir le tiramisù sur un plat long. Oui, oui, vous avez bien lu : Démoulez ! S'il s'affaisse c'est que vous avez mis trop d'énergie à mélanger le mascarpone et l'appareil œuf/sucre. Idem pour l'incorporation des blancs ! *Marcello, Ursula, Martine et moi démoulons le tiramisù. Pourquoi pas vous ? Bienvenue au club !*

- Versez dans une passoire à thé la valeur de 1 cuil. à soupe de cacao amer. Tapotez à l'aide d'une petite cuillère le bord de la passoire. Au-dessus du gâteau bien sûr !

- Répartissez ainsi le cacao sur le tiramisù des copains.

Au menu	Entrée	Plat	Dessert
Menu d'été	Ma ratatouille 126	Jarret de porc Shantung 78 Riz thaï	Le tiramisù des copains
Menu de copains	Petits gratins de courgettes au basilic et coulis de tomate 125	Sauté d'agneau aux pruneaux et aux pommes 66	Le tiramisù des copains
Menu du dimanche soir	Le flan du pêcheur 30	Dorade rose à l'ail et aux petit oignons nouveaux 51 Pommes de terre vapeur	Le tiramisù des copains

Petites îles flottantes

Déjà vue, déjà lue, déjà goûtée… Je sais…
Mais cette île flottante fait partie de ces recettes indélébiles.

Pour 4 personnes

La veille

La crème anglaise : 10 min

Le jour J

Préparation : 15 min

Cuisson : quelques minutes

INGRÉDIENTS

- 4 blancs d'œufs
- 1 pincée de sel
- 80 g de sucre en poudre
- 1 sachet de sucre vanillé
- 10 morceaux de sucre
- 80 g d'amandes effilées
- 1 crème anglaise (p. 198)

La veille

- Préparez la *Crème anglaise à la vanille* (p. 198). Conservez-la au réfrigérateur.

Le jour J

Les îles

- Montez les blancs en neige accompagnés d'une pincée de sel.
- Versez progressivement le sucre en poudre et le sachet de sucre vanillé. Continuez à fouetter les blancs 1 min pour les meringuer.
- À l'aide de deux cuillères à soupe et avec inspiration, formez 4 îles !
- Posez-les sur une assiette. Faites-les cuire au micro-ondes 30 s à température maximale.
- Placez les îles sur la crème anglaise.

Le caramel

- Dans une petite casserole sur feu vif, portez à ébullition 2 cuil. à soupe d'eau et les morceaux de sucre. Surveillez : vous devez obtenir un caramel d'une jolie couleur blonde.

C'est fini ou presque !

- Répartissez en minces filets le caramel sur les îles.

- Dans une poêle antiadhésive, faites dorer les amandes effilées. Ne quittez pas des yeux la poêle. Cela va très vite !
- Dispersez les amandes sur les îles.
- Servez.

Variantes

- Remplacez les amandes par des pralines roses concassées.
- Remplacez les amandes par des pistaches mondées concassées.

Au menu	Entrée	Plat	Dessert
Menu d'été	Marinade de poivrons aux anchois 106	Filets de sole au curry et au haddock 54 Pâtes fraîches	Petites îles flottantes
Menu d'automne	Velouté de potiron 112	Le curry d'agneau d'Indira 70 Riz basmati	Petites îles flottantes
Menu chic	Fonds d'artichaut au foie gras, à la vinaigrette d'herbes 110	Terrine de Saint-Jacques au beurre blanc 44 Riz blanc	Petites îles flottantes
Menu de la mer	Fines lamelles de saumon sauvage à l'aneth 38	Terrine de Saint-Jacques au beurre blanc 44 Riz blanc	Petites îles flottantes

Petits soufflés glacés au chocolat

Faut-il craquer pour le chocolat ?
Il y a fort longtemps que je ne me pose plus la question !

Pour 6 personnes

La veille

Préparation : 15 min

Cuisson : 3 min

Le jour J

Transport : 10 s

Congélation : 3 h

Finition : 5 min

INGRÉDIENTS

180 g de chocolat noir (à 70 % de cacao)

75 g de beurre

6 œufs

90 g de sucre en poudre

1 cuil. à soupe de rhum brun ambré

1 pincée de sel

La veille

- Commencez par un exercice de travaux manuels, en découpant 6 bandes de papier sulfurisé un peu plus long que la circonférence de vos ramequins et de 3 cm de plus que la hauteur de ces derniers. Les moules que j'utilise font 7 cm de diamètre.
- Placez les bandes de papier dans les ramequins et fixez-les à l'extérieur, grâce à un morceau de papier adhésif. Ce n'est pas un hasard si vous commencez par chemiser les moules. La mousse ne doit pas attendre.
- Cassez le chocolat en petits morceaux. Mettez-les dans une casserole avec le beurre.
- Faites fondre l'ensemble au bain-marie en remuant régulièrement… Attention aux débordements ! Enlevez la casserole du bain-marie, laissez tiédir le chocolat.
- Séparez les blancs des jaunes d'œufs.
- Dans le saladier contenant les jaunes, versez le sucre et le rhum. Mélangez à l'aide d'un batteur électrique jusqu'à ce que le mélange blanchisse. Cette étape n'est pas à négliger. L'appareil œufs/sucre va non seulement blanchir, mais augmenter de volume. Il participe à la légèreté des soufflés.
- Incorporez progressivement le chocolat tiède à l'appareil.

Montez les blancs d'œufs en neige ferme, sans oublier la pincée de sel. Le sel affermit les blancs. *Je ne vous demande pas de vous retourner le saladier sur la tête... Mais vérifiez que les blancs sont parfaitement montés.*

Incorporez, cuillerée par cuillerée, avec patience et délicatesse, les blancs d'œufs au chocolat, en accomplissant un geste lent et circulaire du bas vers le haut.

Remplissez les ramequins. Ne lissez pas la surface. Démoulés, ils seront plus jolis !

Placez-les dans le réfrigérateur sans attendre. Je vous entends ! *« Mais pourquoi ne les met-elle pas directement au congélateur ? » Pendant que vous dormez, ou que vous faites la fête, la crème au chocolat va devenir mousse !*

Le jour J

C'est fini ou presque !

Le matin, rangez les soufflés au congélateur. Ils doivent y rester au minimum 3 h avant d'être dévorés et peuvent aussi patienter jusqu'au soir.

Au moment de servir

Démoulez les soufflés en passant un couteau le long de la paroi du moule. Si vous rencontrez quelques difficultés à cette étape, attendez 2 min. Enlevez délicatement le papier sulfurisé.

Posez-les au centre des assiettes. Pour la touche finale, donnez libre cours à votre imagination. Quelques pistaches émondées ou amandes effilées légèrement dorées, un soupçon de cacao habilement saupoudré...

Servez sans attendre. Et là... S'ils se jettent sur vous pour savoir comment vous avez fait, ce n'est peut-être pas la peine de dévoiler tous vos secrets... Du moins, pas tout de suite !

Variante

* **Petites mousses au chocolat**. Faites la mousse au chocolat comme indiqué dans cette recette. Réservez-la au réfrigérateur dans un saladier jusqu'au lendemain. Le jour J, avec une cuillère à soupe, remplissez des ramequins, des tasses à café… ce dont vous disposez. Apportez la touche finale avec des amandes effilées grillées, des pistaches émondées, une feuille de menthe, des Smarties pour les enfants, etc.

Présentez les mousses sur un plateau et posez-les sur le buffet.

Au menu	Entrée	Plat	Dessert
Menu en duo	Cocktail de crabe, pamplemousse et avocat 34	Médaillons de thon au foie gras 58	Petits soufflés glacés au chocolat
Menu tout froid	Fonds d'artichaut au foie gras à la vinaigrette d'herbes 110	Fines lamelles de saumon sauvage à l'aneth 38	Petits soufflés glacés au chocolat
Menu d'été	Millefeuille de tomate-mozzarella 104	Carré d'agneau aux herbes de l'été 64	Petits soufflés glacés au chocolat

Vacherin express

Samedi 7 octobre, 19 h, naissance du vacherin express.
Une journée stressante, des nuages noirs...
Quand tout bouillonne autour de vous, regardez passer les anges,
ils vous apporteront peut-être de nouvelles idées gourmandes.
Et puis congelez, congelez ! Vous aurez ainsi toujours
un dessert prêt pour votre fan-club.

Pour 4 personnes

La veille

PRÉPARATION : 10 min

Le jour J

CUISSON : 3 à 5 min

FINITION : 3 min

INGRÉDIENTS

- 200 g de chocolat noir
- 20 cl de crème fraîche
- 1 bombe de chantilly
- 1/2 litre de glace
- 100 g de meringues

Choix des ingrédients

- Le chocolat : vérifiez qu'il contient 70 % de cacao. Le bonheur sera total !
- La glace : choisissez-en une aimant passionnément le chocolat !
- Vous n'avez pas de meringues ? Aucune importance ! Choisissez alors du chocolat Côte-d'Or au lait, à la place du chocolat noir. Si d'aventure, le mariage Côte-d'Or/meringues vous tentait, merci de l'éviter car le résultat serait beaucoup trop sucré.

La veille

- Alignez 4 ramequins. Dans chacun, superposez une couche de glace, une couche de chantilly, une couche de meringues concassées.
- Tassez l'ensemble. Réservez au congélateur.

Le jour J

C'est fini ou presque !

▶ Préparez la sauce au chocolat : faites fondre le chocolat avec 4 cuil. à café de crème fraîche, à feu doux, très doux... le chocolat ne doit pas cuire. Versez en remuant le reste de la crème fraîche.

▶ Démoulez les petits vacherins. Si vous rencontrez quelques difficultés à cette étape, trempez le fond du ramequin dans de l'eau bien chaude.

▶ Arrosez-les de sauce au chocolat encore chaude.

▶ Servez sans attendre.

Au menu	Entrée	Plat	Dessert
Menu d'été	Confit d'aubergine 98 Ma tapenade 110 Pain de campagne	Rôti de bœuf à la poêle 72 Haricots verts	Vacherin express
Menu du dimanche soir	Filets de sardine au citron vert et au basilic 36	Sauté de veau aux 2 poivrons 92	Vacherin express
Menu en duo	Petites gougères 176	Magret de canard au miel d'acacia 74	Vacherin express

Vacherin en solo

Pour… moi seule

Le jour J

PRÉPARATION : le temps d'ouvrir le congélateur

CUISSON : le temps de faire fondre le chocolat

INGRÉDIENTS

50 g de chocolat noir à 70 % de cacao

5 cl de crème fraîche (1/2 petit pot)

Toute glace aimant passionnément le chocolat !

De la meringue

Le jour J

Préparation de l'antidote

- Faites fondre le chocolat avec 1 cuil. à café de crème fraîche, à feu doux, très doux, il ne doit pas cuire.
- Tout en remuant, versez le reste de la crème fraîche.
- Ouvrez le congélo, choisissez la glace dont vous avez envie.
- Dans une coupelle, déposez la glace, puis la meringue coupée en petits morceaux. Nappez l'ensemble de sauce au chocolat encore chaude.
- Décrochez le téléphone, vous n'êtes là pour personne !

Une idée

À défaut de meringue, remplacez le chocolat noir par du chocolat Côte-d'Or au lait.

Au menu	Entrée	Plat	Dessert
Menu d'été en solo	Petits gratins de courgettes au basilic et coulis de tomate 125	Toute petite dorade en croûte de sel 47	Vacherin en solo
Menu d'hiver en solo	Rillettes aux 2 saumons 32 Pain de campagne	Petit magret de canard au miel d'acacia 74	Vacherin en solo

Variations glacées

Une histoire de coulis, de couleurs, de sauces, d'imagination ou encore de nappage, d'improvisation et certainement une histoire de gourmandise.

Confit de pommes vanillées à la cannelle et sa glace à la vanille

La veille : répartissez le confit (p. 190) dans des coupes individuelles. Rangez-les au réfrigérateur. Concassez 30 g de pistaches émondées, 30 g d'amandes émondées, 30 g de pignons de pin. Réservez à l'abri de l'air.

Le jour J : posez une boule de glace dans chaque coupe. Répartissez les fruits secs. Servez.

Crumble aux pommes et sa glace à la pomme

Le jour J : présentez dans les assiettes le crumble (p. 196). Ajoutez les boules de glace. Pelez 2 quartiers de pomme. Posez en éventail 3 lamelles de fruit dans chaque assiette. Badigeonnez-les, avec modération, de gelée de pommes légèrement tiédie. Elles vont être étincelantes ! Servez.

Crumble aux fruits rouges et sa glace à la fraise

Le jour J : présentez dans les assiettes le crumble (p. 197). Ajoutez la boule de glace. Quelques fraises et feuilles de menthe passent par là, n'hésitez pas. L'esthétique éveille aussi les papilles gustatives. Servez.

Tartelettes sablées tout chocolat et son sorbet à l'orange

Le jour J : nappez le fond de la petite assiette avec une pellicule de gelée à l'orange à peine tiédie. Posez la tartelette, la boule de sorbet à côté. Apportez un élément de déco avec 3 quartiers d'orange pelés à vif. Servez.

Coupes glacées

- Glace à la vanille / chantilly, cerises Amarena (dans les épiceries italiennes)
- Glace au caramel / amandes concassées
- Glace au café / sauce au chocolat / noisettes concassées
- Glace à la fraise / coulis de fraise / fraise des bois fraîches / chantilly
- Glace au nougat glacé / coulis de fruits rouges et quelques framboises fraîches pour la déco
- Sorbet à l'abricot / coulis d'abricot (napper juste le fond de l'assiette) / petits sablés à l'amande amère
- Sorbet au melon / groseilles fraîches
- Sorbet à la poire / sorbet au cassis / liqueur de poire Williams
- Sorbet à la framboise / sorbet au cassis / sorbet aux fraises des bois

Le gâteau au chocolat
de ma voisine préférée

Ceci est une recette de bon voisinage.

Pour 6 personnes

La veille ou le jour J

Préparation : 15 min

Cuisson : 12 min

INGRÉDIENTS

125 g de chocolat noir
130 g de sucre en poudre
70 g de farine
5 cuil. à soupe de lait
75 g de beurre
3 œufs
1 pincée de sel

MATÉRIEL

1 moule de 22 cm de diamètre

La veille ou le jour J

Le gâteau

- Découpez un cercle de papier sulfurisé de 21 cm de diamètre, et tapissez-en le fond du moule. Le papier sulfurisé va vous éviter tout souci de démoulage.
- Préchauffez le four à 210 °C (th. 7).
- Choisissez dans votre placard une casserole de taille moyenne. Faites fondre à feu très doux, directement sur le feu ou au bain-marie, le chocolat et le lait en remuant régulièrement à l'aide d'une cuillère en bois. Ce n'est pas le moment de téléphoner à vos copains. En aucun cas le chocolat ne doit cuire, vous ne pourriez plus incorporer le beurre.
- Coupez le beurre en morceaux et, hors du feu, ajoutez-le au chocolat fondu.
- Séparez les blancs des jaunes des œufs. Attention de ne pas mettre de jaune dans les blancs. Votre fidèle robot s'épuiserait en vain au moment de les monter !
- Réservez les blancs dans le saladier où vous avez l'intention de les monter en neige. N'oubliez pas la pincée de sel. Le sel raffermit les blancs. Laissez en attente.
- Mélangez les jaunes l'un après l'autre au chocolat, avec la cuillère en bois. Versez progressivement, en remuant, le sucre en poudre. Incorporez la farine par petites fractions, tout en continuant à mélanger.

- Montez les blancs en neige très ferme. Cela doit se faire juste avant leur utilisation. Ne prenez pas le risque qu'ils retombent !

- Reprenez votre cuillère en bois et, avec une infinie tendresse, incorporez-les progressivement au chocolat. Il est essentiel pour votre gâteau d'accomplir un mouvement lent et circulaire du bas vers le haut, jusqu'à l'obtention d'un mélange homogène.

- Versez l'appareil dans le moule. La taille du moule est importante pour réussir la cuisson du gâteau. Si le moule est d'un diamètre supérieur, réduisez la cuisson à 11 min. Si le diamètre est inférieur, augmentez la cuisson à 13 min. Au sortir du four, le gâteau doit être légèrement gonflé, et très peu cuit au centre.

- Enfournez pour 12 min, ni plus ni moins !

C'est fini ou presque !

- Démoulez le gâteau dès la sortie du four.

- Enlevez la feuille de papier sulfurisé.

- Découpez la bordure à l'aide d'un couteau pointu. Elle fera le régal des gourmands, et votre gâteau aura un « look » de pro.

- Laissez-le refroidir.

- Donnez libre cours à votre imagination pour la déco. Un pochoir, du sucre glace ou du cacao non sucré peuvent faire des merveilles.

- Recouvrez le gâteau de film alimentaire. Si vous l'avez préparé la veille, les finitions devront se faire le jour J.

Suggestions d'accompagnement

Une *Crème anglaise à la vanille* (p. 198) ou une *Crème anglaise à la pistache* (p. 199).

Variantes

* **Petits moelleux au chocolat**. Pour 20 à 25 petits gâteaux. Suivez la recette du *Gâteau au chocolat de ma voisine préférée*. Choisissez des caissettes de 4,5 cm de diamètre et 2,5 cm de hauteur, remplissez-les à moitié de pâte ; les moelleux vont gonfler. Enfournez sans attendre dans un four à 210 °C (th. 7) pour 7 ou 8 min. Au sortir du four, les moelleux doivent être légèrement gonflé et très peu cuits en leur centre. Dégustez-les, si possible, dans les 15 min qui suivent. C'est là qu'ils sont au top ! Vous pouvez aussi les accompagner d'une *Crème anglaise* (p. 198) ou d'une glace à la vanille.

* **Petits fondants tièdes au chocolat**. Au minimum la veille : suivez mot à mot la recette du *Gâteau au chocolat de ma voisine préférée* et répartissez l'appareil dans des petits moules en porcelaine à feu. *La taille des ramequins est importante par rapport au temps de cuisson. Les miens font 6 cm de diamètre et 4,5 cm de hauteur*. Rangez-les au congélateur. Le jour J : préchauffez le four à 210 °C (th. 7). L'instant est venu de calculer votre « timing ». 32 min doivent s'écouler entre le moment où vous les passez au four et le moment ou vous les servez. Enfournez-les fondants pour 17 min. Sortez-les du four pour les laisser tiédir 15 min. *Vous les servez trop chauds, ils sont brûlants et écœurants. Vous les servez froid, toute leur magie s'est évaporée. À vos chronos !*

* **Le « trois en un » tout chocolat**. C'est bientôt son anniversaire. Superposez 3 gâteaux juste histoire de faire comme dans les dessins animés. Choisissez simplement 3 moules de tailles différentes. Pensez à adapter les proportions et les temps de cuisson. Et réfléchissez à la décoration. Bonbons multicolores, palmiers de chez Légo… ou tout autres petits accessoires peuvent faire des prodiges. Émerveillement garanti.

Au menu	Entrée	Plat	Dessert
Menu enfants	Salade de tomates	Le poulet de grand-mère 82 Purée de pommes de terre	Le gâteau au chocolat de ma voisine préférée
Menu de copains	Petits légumes du soleil 129	Pavés de cabillaud au confit d'échalotes et miel d'acacia 52 Rattes vapeur	Le gâteau au chocolat de ma voisine préférée
Menu traditionnel	Fines lamelles de saumon sauvage à l'aneth 38	Ma blanquette de veau 90	Le gâteau au chocolat de ma voisine préférée

Tarte sablée tout chocolat

Que les accros du chocolat lèvent le doigt.
Cette recette est pour eux.
Les cinglés du « choc on line » se retrouveront.

Pour 6 personnes

La veille

PÂTE SABLÉE : 10 min

PRÉPARATION : 10 min

Le jour J

PRÉPARATION : 15 min

CUISSON : 25 min

INGRÉDIENTS

Pour la pâte sablée

200 g de farine

100 g de sucre en poudre

100 g de beurre mou

2 jaunes d'œufs

1 pincée de sel

Pour la ganache

130 g de chocolat noir (à 70 % de cacao)

1 sachet de sucre vanillé

1 œuf

15 cl de crème fraîche liquide

La veille

La pâte sablée

- Sortez à l'avance le beurre du réfrigérateur.
- Versez la farine dans une terrine, creusez un puits dans lequel vous mettez le beurre mou en petits morceaux, le sucre en poudre, 1 pincée de sel. Pétrissez rapidement du bout des doigts pour obtenir une masse sableuse.
- Incorporez les jaunes d'œufs à la pâte et, si nécessaire, versez 1 ou 2 cuil. à soupe d'eau afin de former une boule. La quantité d'eau varie suivant la qualité de la farine.
- Formez une boule, enveloppez-la dans un film alimentaire. Réservez dans le bac à légumes du réfrigérateur.

Le jour J

Le fond de tarte

- Pensez à sortir la pâte 30 min avant son façonnage.
- Préchauffez le four à 180 °C (th. 6).
- Beurrez et farinez un moule à tarte à fond amovible de 24 cm de diamètre et de 2,5 cm de hauteur. Les dimensions du plat à tarte sont importantes par rapport au temps de cuisson.

Pour la déco

1 cuil. à soupe de cacao amer en poudre

▶ Découpez une feuille de papier sulfurisé au diamètre du moule. Farinez-la légèrement, ainsi que le plan de travail.

▶ Je vous propose maintenant de foncer le moule en deux temps car la pâte sablée est extrêmement friable : étalez la pâte au rouleau, sur la feuille de papier. Une épaisseur de 4 mm me semble parfaite. Transférez le fond de tarte, avec le papier sulfurisé, dans le moule. Façonnez les bords avec les chutes de pâte.

▶ Recouvrez le fond de tarte d'une feuille de papier sulfurisé, versez dessus de gros légumes secs ou des petits cailloux. *Non, non, je soupçonne vos pensées. Hors de question de zapper cette étape. Ils sont là pour empêcher la pâte de gonfler. Grâce aux petits cailloux, votre gâteau aura un « look » de pro !*

▶ Enfournez 15 min. Vous aurez ainsi un fond de tarte cuit « à blanc ».

▶ Quand la pâte est cuite, enlevez les légumes secs ou cailloux et laissez refroidir le fond de tarte.

▶ Gardez le four allumé à 180 °C (th. 6).

La ganache

▶ Coupez le chocolat noir en petits morceaux.

▶ Dans une jatte, battez l'œuf et le sucre vanillé jusqu'à l'obtention d'un mélange jaune pâle. Le robot se débrouillera parfaitement à votre place ! Goûtez, il ne faut pas que vous sentiez les cristaux de sucre.

▶ Versez la crème fraîche liquide dans une casserole. Au premier bouillon et hors du feu, ajoutez les morceaux de chocolat noir, mélangez à l'aide d'un fouet et versez dans la jatte.

▶ Mélangez attentivement.

C'est fini ou presque !

▶ Laissez tiédir le fond de tarte avant de le débarrassez de ses légumes secs ou cailloux.

▸ Versez et lissez sur le fond de tarte froid la ganache encore tiède. La ganache tiède s'étale plus facilement.

▸ Enfournez pour 10 min.

▸ Démoulez dans le plat de service. Laissez refroidir la tarte.

▸ Versez dans une passoire à thé la valeur de 1 cuil. à soupe de cacao non sucré.

▸ Tapotez à l'aide d'une petite cuillère le bord de la passoire pour le répartir. Au-dessus de la tarte bien sûr !

Bon à savoir

▸ Bien sûr, vous pouvez utiliser une pâte sablée « pur beurre » du commerce, prête à l'emploi. Mais rien ne vaut une pâte sablée « maison ». Et c'est si rapide à faire, pourquoi s'en priver !

▸ Bonne nouvelle : vous pouvez conserver le pâton, non abaissé, 1 semaine au réfrigérateur ou 3 mois au congélateur : dans ce cas sortez-le 24 h avant utilisation et mettez-le à décongeler dans le bac à légumes du réfrigérateur.

Variante

★ **Tartelettes sablées tout chocolat**. Foncez une plaque à tartelettes et laissez cuire la pâte 10 min avant de la garnir de ganache et de la remettre au four pour 5-10 min.

Au menu	Entrée	Plat	Dessert
Menu d'hiver	Velouté de lentilles 114	Rôti de bœuf à la poêle 72 Mon gratin dauphinois 122	Tarte sablée tout chocolat
Menu du dimanche soir	Le flan du pêcheur 30	Ma ratatouille 126	Tarte sablée tout chocolat
Menu traditionnel	Rillettes aux 2 saumons 32	Carré d'agneau aux herbes de l'été 64 Gratin de courgettes au basilic 124	Tarte sablée tout chocolat

Croustillants aux amandes

*Rien de plus à dire,
si ce n'est qu'ils sont craquants,
ces croustillants !*

Pour 20 croustillants

La veille

Préparation : 10 min

Cuisson : 12 min

INGRÉDIENTS

125 g d'amandes mondées

130 g de sucre en poudre

30 g de farine

1 blanc d'œuf

Fraîcheur

Vérifiez que vos amandes sont bien fraîches. Ces fruits huileux rancissent facilement, il faut toujours les goûter avant de les utiliser.

La veille

- Préchauffez le four à 180 °C (th. 6).
- Hachez grossièrement les amandes. En d'autres termes, ne les réduisez pas en poudre !
- Dans un saladier, mélangez les amandes concassées avec le sucre en poudre et la farine.
- Ajoutez le blanc d'œuf. Mélangez. Ne soyez pas tenté de battre le blanc en neige. À lui tout seul, il va réussir à lier amandes, sucre et farine.
- Recouvrez la plaque du four de papier sulfurisé. Inutile de beurrer le papier. Une fois refroidis, les croustillants se décolleront parfaitement.
- À l'aide de 2 petites cuillères à café, déposez sur la plaque des petites boules de pâte de la valeur d'une noix. Les croustillants vont à peu près doubler de volume. Pensez à les espacer suffisamment pour qu'ils ne se collent pas entre eux.
- Enfournez sans attendre pour 12 min.
- Laissez refroidir les gâteaux avant de les ranger dans une boîte à l'abri de la lumière et de l'humidité… Si vous ne les dévorez pas dans la minute qui suit !

En accompagnement de

- Une *Coupe de fruits printemps-été* (p. 181), une *Coupe de fruits automne-hiver* (p. 182), une *Coupe glacée* (p. 215), une *Crème anglaise* (p. 198)
- Ce sont de parfaites mignardises pour accompagner le café de fin de repas.

Variantes

* **Croustillants aux pistaches**. Remplacez les amandes par des pistaches mondées non salées.

* **Croustillants aux noisettes**. Remplacez les amandes par des noisettes.

Bon à savoir

Vous pouvez conserver ces croustillants plusieurs jours à l'abri de l'humidité et de la lumière.

Au menu	Entrée	Plat	Dessert
Menu de printemps	Terrine de courgettes à la menthe fraîche 101	Filets de sole au curry et au haddock 54 Pâtes fraîches	Croustillants aux amandes Petits soufflés glacés au chocolat 208
Menu chic	Fonds d'artichaut au foie gras à la vinaigrette d'herbes 110	Terrine de Saint-Jacques au beurre blanc 44 Riz blanc	Croustillants aux amandes Petits pots de crème safranée au miel 200

Meringues

Des meringues à tomber par terre !
Et quelques variantes
à vous en lécher les babines…

Pour 4 blancs d'œufs

La veille

PRÉPARATION : 10 min

CUISSON : 4 h

INGRÉDIENTS

4 blancs d'œufs à température ambiante

1 pincée de sel

150 g de sucre en poudre

150 g de sucre glace

La veille

- Préchauffez le four à 80 °C (th. 2-3).
- Montez les blancs en neige, accompagnés de la traditionnelle pincée de sel : fouettez les blancs à vitesse moyenne. Dès qu'ils commencent à mousser, augmentez la vitesse.
- Incorporez progressivement mais rapidement aux blancs, tout en continuant à les fouetter, le sucre en poudre, puis le sucre glace. La meilleure solution est de verser le sucre cuillerée par cuillerée.
- Retournez le plat… Ce n'est pas une blague ! Les blancs doivent rester accrochés. Si vous vous prenez tout sur les pieds… Vous avez un problème ! De toute façon… Il n'y a aucun regret à avoir, les blancs doivent impérativement être très fermes.
- Déroulez une feuille de papier sulfurisé sur la plaque du four. Vous n'en avez pas ? Beurrez et farinez la plaque. Mais le papier sulfurisé est tellement plus pratique !
- Remplissez une poche à douille.
- Exprimez-vous… Le moment est venu !
- Formez de craquantes petites meringues en veillant à les espacer suffisamment pour qu'elles ne se touchent pas.

◗ Enfournez-les sans attendre pour 4 h. Le four n'est pas là pour cuire les meringues, mais pour les sécher.

◗ Une fois le four éteint, oubliez-les dans le four jusqu'au lendemain.

Idée gourmande

Avec les jaunes d'œufs non utilisés, faites une *Crème anglaise* (p. 198).

Variantes

* **Meringues à la vanille**. Remplacez 20 g de sucre en poudre par 3 sachets de sucre vanillé.
* **Meringues au chocolat.** Ajoutez 80 g de chocolat fondu à la préparation.
* **Meringues au café**. Ajoutez quelques gouttes d'essence de café à la préparation.

Suggestions d'accompagnement

◗ Un *Gâteau aux marrons et au chocolat* (p. 230).

◗ Un *Vacherin express* (p. 211).

Au menu	Entrée	Plat	Dessert
Menu de copains	Confit d'aubergine 98	Ma blanquette d'agneau 91	Glace à la vanille / Sauce au chocolat 248 Meringues
Menu d'été	Terrine de courgettes à la menthe fraîche 101	Dorade en croûte de sel 47 Pommes de terre vapeur	Glace à la fraise / Coulis de framboise / fraise des bois Meringues

Petits sablés
à la vanille

Pour 20 sablés environ

La veille

PRÉPARATION : 10 min

REPOS AU FRAIS : 2 h

CUISSON : 10 à 12 min selon leur taille

INGRÉDIENTS

200 g de farine

100 g de sucre en poudre

100 g de beurre mou

2 jaunes d'œufs

1 gousse de vanille

1 pincée de sel

Facultatif

1 jaune d'œuf

La veille ou bien plus tôt

La pâte

- Sortez à l'avance le beurre du réfrigérateur.
- Versez la farine dans une terrine, creusez un puits, y mettre le beurre mou coupé en petits morceaux, le sucre en poudre et 1 pincée de sel. Fendez la gousse de vanille dans sa longueur, grattez les graines et ajoutez-les dans le puits.
- Pétrissez rapidement la pâte du bout des doigts, elle doit devenir sable.
- Ajoutez les jaunes d'œufs, incorporez-les à la pâte et, si nécessaire, versez 1 ou 2 cuil. à soupe d'eau. La quantité d'eau varie suivant la qualité de la farine.
- Formez une boule, enveloppez-la dans un film alimentaire.
- Réservez dans le bac à légumes du réfrigérateur environ 2 h.
- Pensez à la sortir 30 min avant son façonnage.

Les sablés

- Préchauffez le four (180 °C, th. 6).
- Étalez la pâte sur un plan de travail fariné sur une épaisseur de 3 à 4 mm et, à l'aide d'un emporte-pièce ou en faisant confiance à votre talent, découpez des sablés en forme de fleurs, lunes, étoiles ou papillons…
- Si vous souhaitez donner un aspect brillant à vos sablés, badigonnez-les de jaune d'œuf que vous aurez préalablement détendu avec un peu d'eau.

◗ Posez les sablés sur la plaque du four recouverte d'une feuille de papier sulfurisé.

◗ Enfournez pour 10 à 12 min suivant leur taille.

◗ À la sortie du four, déposez les sablés sur une grille afin de leur donner leur aspect friable.

Variantes

* **Petits sablés au citron**. Remplacez la vanille par le zeste finement râpé de 2 citrons non traités.
* **Petits sablés à l'orange confite**. Remplacez la vanille par le zeste finement râpé de 3 quartiers d'orange confite.
* **Petits sablés au gingembre**. Remplacez la vanille par 2 cuil. à soupe de gingembre râpé frais ou surgelé.
* **Petits sablés au gingembre confit**. Remplacez la vanille par 3 cuil. à soupe de gingembre confit coupé en petits cubes.
* **Petits sablés à l'amande amère**. Remplacez la vanille par 1 cuil. à soupe d'extrait d'amande amère.
* **Petits sablés à l'anis**. Remplacez la vanille par 3 cuil. à soupe de graines d'anis.

Bon à savoir

Ces sablés se conservent 8 à 10 jours en boîte hermétique, au sec.

Au menu	Entrée	Plat	Dessert
Menu d'été	Le flan du pêcheur 30	Sauté de veau aux 2 poivrons 92	Coupe de fruits printemps-été 181 Petits sablés à la vanille
Menu d'hiver	Soupe de cresson 116	Le poulet de grand-mère 82	Coupe de fruits automne-hiver 182 Petits sablés à l'anis
Menu végétarien	Tarte à la courgette et au chèvre 139	Ma ratatouille 126	Salade d'oranges à la fleur d'oranger 188 Petits sablés à l'orange confite

Financiers

Faites le tour de votre cuisine. Vous trouverez l'amande, l'œuf, le sucre, la farine. Ensuite quelques caissettes en papier et un four vous permettront de tous les charmer, tant ils se régaleront.

Pour 20 financiers

La veille

Préparation : 15 min

Cuisson : 25 min

INGRÉDIENTS

4 blancs d'œufs

1 pincée de sel

50 g de poudre d'amande

150 g de sucre en poudre

70 g de farine

100 g de beurre

Poudre d'amande

La choisir d'excellente qualité. Attention, l'amande est un oléagineux qui rancit vite.

MATÉRIEL PARTICULIER

20 caissettes en papier de 4 à 5 cm de diamètre et de 2 à 3 cm de hauteur ou une plaque de petits moules.

La veille

- Préchauffez le four à 150 °C (th. 5).
- Dans une petite casserole, mettez à fondre le beurre à feu doux.
- Faites légèrement mousser avec un fouet les blancs d'œufs avec une pincée de sel.
- Ajoutez progressivement aux blancs, tout en mélangeant délicatement, la poudre d'amande, le sucre en poudre, la farine et le beurre fondu encore tiède.
- Répartissez la pâte dans les caissettes ou les moules beurrés, en prenant soin de ne les remplir qu'aux 3/4. Les financiers vont gonfler durant la cuisson.
- Enfournez pour 25 min.
- Petit détail, qui n'est pas sans importance : si vous utilisez des moules, démoulez les financiers dès la sortie du four. Si vous attendez… Ça colle !
- Une fois refroidis, réservez-les à l'abri de l'air et de l'humidité.

Bon à savoir

L'idéal serait de préparer les financiers le jour J et de les faire cuire pendant le dîner, car c'est quand ils sont juste refroidis qu'ils sont les meilleurs !

En accompagnement de

- Une *Crème anglaise à la vanille* (p. 198).
- Une *Coupe glacée* (p. 215).
- Une *Coupe de fruits automne-hiver* (p. 182).

Variante

Ce sont de parfaites mignardises pour accompagner le café de fin de repas. Dans ce cas, faites cuire la pâte 10 min dans des petites caissettes.

Au menu	Entrée	Plat	Dessert
Menu en duo	Tartelettes à la courgette et au chèvre 139	Fricassée de fèves tièdes au jambon de pays 142	Crème anglaise au choix 198 Financiers
Menu d'été	Salade tiède de calmars sur lit de mâche 26	Le flan du pêcheur 30	Fruits rouges du jardin de mes voisins 183 Financiers

Gâteau aux marrons
et au chocolat

Marron-chocolat, chocolat-marron,
heureuse idée qu'ont eue ces deux-là de se rencontrer.
Vous y penserez avant, pendant et après.

Pour 8 personnes

La veille

PRÉPARATION : 20 min

REPOS AU FRAIS : 24 h

Le jour J

FINITION : 10 min

REPOS AU FRAIS : 30 min

INGRÉDIENTS

1 kg de crème de marron vanillée

50 g de chocolat noir

200 g de beurre

150 g de meringues

Pour le glaçage

150 g de chocolat noir

50 g de crème fraîche

La veille

- Sortez à l'avance le beurre du réfrigérateur. Il sera beaucoup plus rapide à travailler s'il est mou. Coupez-le en morceaux pour le réduire en pommade à l'aide d'un fouet électrique. Ne regardez pas le micro-ondes du coin de l'œil ! En aucun cas le beurre ne doit être fondu.
- Faites fondre le chocolat à feu très doux ou au bain-marie.
- Incorporez progressivement au beurre la crème de marron. Ajoutez le chocolat fondu. Mélangez l'ensemble de façon homogène.
- Coupez les meringues en petits morceaux.
- Chemisez un moule à cake de film alimentaire. Faites une première couche avec 1/4 de la crème de marron au chocolat. Superposez 1/3 des meringues. Garnissez le moule ainsi de suite en terminant par la crème de marron. Il est important de bien tasser les couches les unes après les autres.
- Recouvrez le gâteau de film alimentaire.
- Réservez-le en haut du réfrigérateur.

Le jour J

- Démoulez le gâteau sur une grille, elle-même posée sur un plat.

Mon conseil

Si vous avez du temps, faites vous-même les *Meringues* (p. 224). Dans le cas contraire, achetez-les chez un bon pâtissier.

◗ Réservez à nouveau au réfrigérateur le temps de préparer le glaçage.

◗ Faites fondre le chocolat noir, à feu très doux ou au bain-marie. Hors du feu, incorporez la crème fraîche. Mélangez pour obtenir une crème lisse et brillante.

◗ Étalez sans attendre le glaçage, en une fine couche, à l'aide d'une spatule souple, sur la surface du gâteau.

◗ Réservez pour la dernière fois le gâteau en haut du réfrigérateur. Le chocolat doit durcir.

◗ Faites glisser délicatement le gâteau sur le plat de service. Je peux vous le dire maintenant... Là, se trouve la seule difficulté de la recette !

Variante

* **Bûche aux marrons et au chocolat**. Après avoir démoulé le gâteau, arrondissez les angles de façon à figurer le volume d'une bûche. Faites le glaçage comme indiqué dans la recette. Étendez le chocolat sans chercher à obtenir un aspect lisse. Vous êtes supposée imiter une bûche ! Réservez le gâteau au réfrigérateur. Le chocolat doit durcir. 30 min plus tard, coupez les extrémités de la bûche. Enneigez-la avec quelques cuillerées à soupe de sucre glace.

Au menu	Entrée	Plat	Dessert
Menu d'hiver	Velouté de cresson 116	Ma blanquette de veau 90 Riz blanc	Gâteau aux marrons et au chocolat
Menu d'automne	Salade de carottes râpées et oranges à la fleur d'oranger 108	Magrets de canard au miel d'acacia 74 Fondue d'endives caramélisées 120	Gâteau aux marrons et au chocolat
Menu du Nouvel An	Terrine de Saint-Jacques au beurre blanc 44	Médaillons de thon au foie gras 58	Gâteau aux marrons et au chocolat

Gâteau à l'orange

L'orange est l'unique responsable.
C'est sa faute ! Voilà pourquoi frimousses brunes,
blondes ou rousses
se précipitent autour de la table.

Pour 6 à 8 personnes

La veille

PRÉPARATION : 15 min

CUISSON : 40 min

Le jour J

GLAÇAGE : quelques minutes

INGRÉDIENTS

2 oranges non traitées

2 œufs

150 g de beurre

120 g de farine

1/2 sachet de levure chimique

150 g de sucre en poudre

120 g de sucre glace

La veille

Le gâteau

- Préchauffez le four à 150 °C (th. 5).
- Lavez et essuyez soigneusement les oranges. Prélevez les zestes avec un couteau économe. Attention de ne pas atteindre la partie blanche de la peau, toute l'amertume du fruit y est contenue. Hachez le zeste très finement avec un couteau ou un hachoir.
- Dans une grande casserole, faites fondre le beurre à feu doux. Éteignez le gaz. Ajoutez le sucre en poudre. Mélangez jusqu'à ce qu'il fonde. Pressez 1 orange dessus. *D'accord, je suis de votre avis ! Presser une orange sans la peau n'est pas évident. On ne va pas la jeter ! Attention aux pépins, ils feraient mauvais effet.*
- Ajoutez un premier œuf, remuez. La cuiller en bois est inévitable. Pensez à accomplir un geste circulaire du centre vers l'extérieur. Incorporez le second œuf.
- Dans un saladier, mélangez la farine et la levure. Formez un puits au centre. Versez progressivement l'appareil précédent dans le puits, tout en remuant toujours avec votre cuiller en bois. Ne vous précipitez surtout pas, vous risquez de faire des grumeaux. Incorporez les 3/4 du zeste d'orange.

- Découpez un disque de papier sulfurisé, tapissez-en le fond d'un moule à manqué de 22 cm de diamètre. Beurrez les bords. Vous éviterez ainsi tout problème de démoulage…
- Remplissez le moule, enfournez pour 40 min.
- Démoulez le gâteau sur une grille.

Le jour J

Le glaçage

- Versez le sucre glace dans un bol, avec le zeste d'orange restant.
- Ajoutez progressivement le jus de la seconde orange pour diluer le sucre et réaliser un glaçage. C'est à vous de déterminer la quantité exacte de jus d'orange. Le glaçage doit avoir l'aspect d'un sirop très épais.
- Étalez le glaçage à l'aide d'une spatule métallique si vous avez !
- Donnez-lui un peu de temps, il va se solidifier. Je vous parle du glaçage bien sûr. Il n'est donc pas utile de faire passer le gâteau par la case frigo !

Suggestion d'accompagnement

Pour le goûter des enfants avec un bon chocolat chaud.

Au menu	Entrée	Plat	Dessert
Menu du dimanche soir	Tomates cerises pour patienter	Gratin de courgettes au basilic 124	Gâteau à l'orange
Menu enfants	Piques de poulet tikka 87	Œufs au plat à la tomate et au thym 133	Gâteau à l'orange

Quatre-quarts au zeste de citron

*Mettez-vous au quatre-quarts.
Il sera du plus bel effet auprès d'un entremets ou d'une douceur fruitée. C'est exactement pour cela qu'il est indispensable !*

Pour 6 personnes

La veille

Préparation : 15 min

Cuisson : 1 h 15

INGRÉDIENTS

250 g de farine

250 g de sucre en poudre

250 g de beurre

5 œufs

1 sachet de sucre vanillé

1 citron non traité (zeste)

1 pincée de sel

La veille

Le quatre-quarts

- Préchauffez le four à 150 °C (th. 5).
- Faites fondre le beurre. Puis laissez-le refroidir sans le laisser durcir. Si vous avez peu de temps devant vous, je vous propose de verser le beurre dans un bol au fur et à mesure qu'il fond. Ainsi, il se refroidira plus vite.
- Séparez les blancs des jaunes d'œufs. Dans le saladier contenant les jaunes, versez 200 g de sucre en poudre et le sucre vanillé tout en fouettant jusqu'à ce que le mélange blanchisse. Incorporez le beurre fondu froid aux jaunes.
- Ajoutez progressivement la farine, le zeste du citron très finement haché. Attention de prélever uniquement la partie jaune de la peau.
- Montez les blancs en neige ferme avec une pincée de sel. Le sel affermit les blancs.
- Continuez à fouetter en ajoutant 50 g de sucre en poudre.
- Incorporez progressivement les blancs avec une cuillère en bois en accomplissant un mouvement lent et circulaire du bas vers le haut.
- Chemisez le moule à cake d'une feuille de papier sulfurisé pour faire comme chez le pâtissier ! Vous n'avez pas le

temps ? Tapissez simplement le fond et beurrez les parois.

- Remplissez le moule.
- Enfournez pour 1 h 15.

C'est fini ou presque !

- Démoulez et enlevez la feuille de papier sulfurisé.
- Laissez refroidir sur une grille.

Variante

Vous pouvez aussi faire des quatre-quarts individuels. Pour cela, utilisez des caissettes en papier de 5 cm de hauteur et de 4 cm de diamètre. Faites cuire 20 à 25 min.

En accompagnement de

- Des *Pêches et abricots aux épices* (p. 194).
- Une *Coupe de fruits automne-hiver* (p. 182).
- Une *Crème anglaise à la vanille* (p. 198).

Bon à savoir

Ce gâteau se conserve très bien 3 jours dans une feuille de papier d'alu.

Au menu	Entrée	Plat	Dessert
Menu du dimanche	Velouté de lentilles 114	Le poulet de grand-mère 82 Mon gratin dauphinois 122	Quatre-quarts au zeste de citron Coupe de fruits automne-hiver 182
Menu de printemps-été	Ma ratatouille froide 126	Brochettes de poulet tikka au garam massala 86	Quatre-quarts au zeste de citron Coupe de fruits printemps-été 181

Cake aux épices

Laissez parler vos envies sucrées…

Pour 6 personnes

La veille

PRÉPARATION : 10 min

CUISSON : 1 h

INGRÉDIENTS

- 250 g de farine
- 1 sachet de levure chimique
- 125 g de sucre en poudre roux
- 125 g de beurre + 15 g pour le moule
- 1 gros œuf
- 5 cuil. à soupe de lait
- 60 g de macédoine de fruits confits
- 60 g de raisins de Smyrne
- 60 g de raisins de Corinthe
- 1/2 cuil. à café de mélange 4-épices
- 1/2 cuil. à café de cannelle

4-épices

C'est un savant dosage de muscade, cannelle, poivre et girofle. Elles n'attendent que vous dans votre supérette préférée.

La veille

- Préchauffez le four à 165 °C (th. 5-6).
- Versez la farine et la levure dans une jatte, ajoutez le mélange 4-épices et la cannelle. Mélangez l'ensemble.
- Coupez en lamelles le beurre au-dessus de la jatte. Mélangez-le du bout des doigts et rapidement jusqu'à l'obtention d'un appareil grumeleux.
- Ajoutez le sucre roux, les raisins de Smyrne et de Corinthe, ainsi que les fruits confits.
- Battez dans un bol l'œuf et le lait.
- Incorporez-les à la préparation précédente. Ne cherchez pas à obtenir un mélange homogène. Il doit rester grumeleux.
- Beurrez les bords du moule avec une noisette de beurre.
- Découpez en moins de temps qu'il n'en faut pour l'écrire, un cercle de papier sulfurisé de la taille du fond du moule.
- Tapissez-en le fond du moule. Le papier sulfurisé vous évite tout souci de démoulage.
- Enfournez sans attendre pour 50 min.
- Au sortir du four, passez un couteau le long des parois du moule.
- Démoulez et laissez refroidir sur une grille.

En accompagnement de

- Une *Crème anglaise à la vanille* (p. 198).
- Parfait à l'heure du thé ou pour un buffet « goûter-dînatoire ».

Variantes

* **Cake aux dattes et aux noix**. Remplacez les fruits confits et les raisins par 100 g de dattes dénoyautées et coupées en morceaux, ainsi que 80 g de cerneaux de noix concassés.

* **Cake à l'orange confite**. Remplacez les fruits confits et les raisins par 200 g d'écorces d'orange confites trempées dans du Cointreau ou du Grand Marnier, puis coupées en petits morceaux.

Bon à savoir

Vous pouvez conserver ce cake 1 semaine enveloppé dans une feuille d'alu et entreposé dans le bac à légumes du réfrigérateur.

Au menu	Entrée	Plat	Dessert
Menu d'automne	Le flan du pêcheur 30	Mignons de porc aux 2 raisins 80	Cake aux épices Crème anglaise à la vanille 198
Menu d'hiver	Velouté de cresson 116	Tarte à la courgette et au comté 138	Cake aux épices Glace à la vanille

Gâteau aux dattes
amandes, noisettes et noix

Je verse, tu mélanges, il regarde,
nous goûtons, vous démoulez…
Ils se régaleront !

Pour 6 personnes

La veille

PRÉPARATION : 20 min

CUISSON : 1 h 05

INGRÉDIENTS

- 250 g de dattes dénoyautées
- 30 g d'amandes
- 30 g de noisettes
- 30 g de cerneaux de noix
- 150 g de farine
- 1 sachet de levure chimique
- 200 g de sucre en poudre
- 1 œuf
- Noix muscade

La veille

▶ Préchauffez le four à 150 °C (th. 5).

▶ Versez dans une casserole 1/4 de litre d'eau. Ajoutez les dattes dénoyautées en veillant à ce qu'elles soient toutes immergées. À partir de l'ébullition, comptez 5 min de cuisson.

▶ Réservez 3 dattes, coupez-les en morceaux, nous les utiliserons un peu plus tard.

▶ Posez un moulin à légumes sur un saladier et versez-y le contenu de la casserole, y compris l'eau de cuisson. Moulinez les dattes. N'utilisez pas de mixeur électrique, vous n'obtiendrez pas le même résultat. Le moulin à légumes de nos grand-mères est indispensable !

▶ Dans un saladier, versez la farine, la levure, le sucre en poudre et mélangez. Creusez un puits, cassez l'œuf au centre, ajoutez la purée de dattes. Mélangez petit à petit les ingrédients avec une cuillère en bois, en partant du centre. Attention aux grumeaux !

▶ Râpez la noix muscade… Disons la valeur de 2 pincées !

▶ Concassez grossièrement les amandes, noisettes et noix. Mélangez-les, sans oublier les 3 dattes coupées en morceaux. Les dattes donnent à votre gâteau une couleur rosée. Vous découvrirez aussi la délicate noisette, l'amande croquante, la noix…

- Tapissez le fond d'un moule à cake d'une feuille de papier sulfurisé et beurrez les bords. Ce geste prend seulement 1 min et facilite le démoulage.
- Remplissez le moule et enfournez pour 60 min.

C'est fini ou presque !

- Dès la sortie du four, passez la lame d'un couteau le long des parois du moule. Si vous attendez… ça colle !
- Démoulez et enlevez la feuille de papier sulfurisé.
- Laissez refroidir sur une grille.

Au menu	Entrée	Plat	Dessert
Menu d'automne	Velouté de potiron 112	Noix de Saint-Jacques poêlées 43	Gâteau aux dattes, amandes, noisettes et noix
Menu du dimanche soir	Velouté de lentilles 114	Mon gratin dauphinois 122	Gâteau aux dattes, amandes, noisettes et noix

Brioches en perdition

Christine, Marie et moi, nous nous inspirons de tout,
et surtout de la vie.
Vos grand-mères, vos mères ont préparé pour vous
de délicieuses tranches de pain perdu. Continuez…
La tradition vous va si bien !

Pour 4 personnes

Le jour J

Préparation : 5 min

Cuisson : 4 min

INGRÉDIENTS

4 tranches de brioche ou de pain rassis de 1,5 cm d'épaisseur

2 jaunes d'œufs

20 cl de crème fraîche liquide

15 g de beurre

60 g de sucre en poudre

1 gousse de vanille

Le jour J

Le pain perdu

- Préparez les tranches de brioche ou de pain rassis.
- Dans un saladier, mélangez les jaunes d'œufs, la crème fraîche liquide et le sucre en poudre.
- Fendez la gousse de vanille à l'aide d'un couteau pointu avant d'en extraire les grains et de les mélanger à l'appareil crème fraîche/œufs.
- Dans une grande poêle antiadhésive, faites fondre une belle noix de beurre.
- Trempez les tranches de pain ou de brioche dans l'appareil aux œufs, en veillant à ce qu'elles soient humectées des deux cotés.
- Lorsque le beurre est bien chaud, posez les tranches dans la poêle. Retournez-les à l'aide d'une spatule environ 2 min après. Poursuivez la cuisson 2 min sur l'autre face.
- Servez sans attendre.
- Pour les plus gourmands, saupoudrez de sucre en poudre.

Variante

Ajoutez 1 cuil. à café de rhum brun ambré à la préparation aux œufs, avant d'y tremper les tranches de brioche.

Suggestions d'accompagnement

- Une *Crème anglaise* (p. 198) encore tiède.
- Une boule de glace à la vanille.

Bon à savoir

- Il n'y a plus de vanille dans le placard ? Ce n'est pas très grave. Quand les brioches seront bien dorées, vous les saupoudrerez avec légèreté de cannelle en poudre.
- Avec les blancs d'œufs non utilisés, faites des *Financiers* (p. 228).

Au menu	Entrée	Plat	Dessert
Menu du dimanche soir	Confit d'aubergine 98 Pain de campagne	Brouillade d'œufs à la ratatouille et au jambon de pays 128	Brioches en perdition
Menu enfants	Millefeuille de tomate-mozzarella 104	Le poulet de grand-mère 82 Purée de pommes de terre	Brioches en perdition

Recettes de base

Coulis de tomate

Pour 1,5 litre de coulis

La veille

Préparation : 15 min

Cuisson : 2 h ou plus, c'est encore meilleur !

INGRÉDIENTS

2 kg de tomates fermes et mûres

2 carottes

3 oignons

3 gousses d'ail

3 brins de thym

1 feuille de laurier

2 morceaux de sucre

1 filet d'huile d'olive

Sel, poivre du moulin

Bon à savoir

- Congelez, congelez ! Préparez une grande quantité de coulis, et répartissez-le dans des boîtes en plastique. Il se congèle parfaitement.
- Vous n'avez pas suffisamment de tomates, et aucune envie d'affronter les intempéries ? Complétez par une boîte de tomates entières pelées au jus.

La veille

- Épluchez et émincez les carottes, les oignons et l'ail en rondelles.
- Versez dans la cocotte 1 filet d'huile d'olive. Dès que l'huile est chaude, ajoutez les oignons, puis l'ail quelques minutes après.
- Poursuivez la cuisson 10 min environ en remuant de temps en temps.
- Lavez, coupez, épépinez les tomates.
- Ajoutez-les dans la cocotte ainsi que les rondelles de carottes.
- Effeuillez les brins de thym sur les tomates, sans oublier la feuille de laurier coupée en deux.
- Salez, poivrez, sucrez. En pleine saison, les tomates n'ont pas besoin de sucre.
- Couvrez, poursuivez la cuisson tranquillement… doucement… au minimum 2 h. Il est bien sûr indispensable de soulever le couvercle et de remuer de temps en temps.
- Une fois la cuisson terminée, enlevez la feuille de laurier.
- Moulinez la sauce avec un moulin à légumes. N'utilisez pas votre mixeur. Vous obtiendriez un velouté et non un coulis !
- Goûtez, rectifiez l'assaisonnement si nécessaire.

En accompagnement de

- Un *Émincé de fenouil au coulis de tomate* (p. 118).
- Toutes les pâtes ayant un sérieux penchant pour la tomate !

Mayonnaise

Pour 1 bol

Le jour J

PRÉPARATION : 10 min

INGRÉDIENTS

1 jaune d'œuf très frais

2 cuil. à café de moutarde forte

1/2 pomme de terre ou un fouet

2 cuil. à soupe de vinaigre

ou le jus de 1/2 citron

Huile de tournesol

Sel, poivre du moulin

Le jour J

- Sortez l'œuf du réfrigérateur 1 h avant son utilisation. Tous les ingrédients doivent être à la même température.
- Séparez le jaune et le blanc.
- Mélangez intimement le jaune d'œuf avec la moutarde et 1 cuil. à soupe de vinaigre ou la moitié du jus du 1/2 citron.
- Versez pour commencer l'huile goutte à goutte sans cesser de tourner avec un fouet ou une fourchette piquée dans la moitié d'une pomme de terre. Là… Le « truc » qui se passe entre l'œuf et l'amidon fait que la mayo prendra sans difficulté, sauf bien sûr si vous versez l'huile trop rapidement.
- Ajoutez maintenant l'huile cuillerée à café par cuillerée à café jusqu'à ce que vous obteniez la consistance souhaitée. Salez, poivrez, terminez par la cuillerée à soupe de vinaigre ou le reste de jus de citron.
- Protégez la mayo d'un film alimentaire et réservez-la au réfrigérateur jusqu'à son utilisation.

Variantes

* **Mayonnaise mousseline**. Au dernier moment, incorporez à la mayonnaise le blanc d'œuf battu en neige très ferme. C'est juste histoire de vous déculpabiliser… La mayo sera plus légère !

* **Aïoli**. Pilez 4 gousses d'ail dans un mortier jusqu'à l'obtention d'une pommade. Suivez la recette de la mayonnaise en remplaçant la moutarde par la purée d'ail et en préférant le jus de citron au vinaigre.

En accompagnement de

- Un *Cocktail de crabe, pamplemousse et avocat* (p. 34).
- Tous les poissons froids, crustacés, viandes blanches aimant la mayo ou l'aïoli.
- Une salade de pommes de terre et aïoli, c'est classique mais pas mal aussi !

Pâte brisée

Pour 6 à 8 personnes

La veille

PRÉPARATION : 10 min

REPOS AU FRAIS : 1 h au minimum

INGRÉDIENTS

250 g de farine

125 g de beurre froid

1 jaune d'œuf

Sel fin

La veille

La pâte

- Versez la farine dans une terrine avec 2 pincées de sel. Ajoutez le beurre froid coupé en petits morceaux. Éparpillez les lamelles de beurre au fur et à mesure, pour qu'elles ne se collent pas entre elles. Ajoutez le jaune d'œuf.
- Écrasez du bout des doigts les morceaux de beurre. Loin de moi l'envie de vous stresser, mais c'est à cet instant que vous allez réussir votre pâte. Ce geste doit être accompli rapidement.
- Incorporez l'eau froide progressivement. Comptez environ 5 cl d'eau, la quantité variant suivant la qualité de la farine.
- Rassemblez la pâte en une boule.
- Pétrissez-la rapidement avec la paume de la main. Vous devez obtenir une bonne souplesse sans trop la travailler.
- Saupoudrez-la légèrement de farine. Enveloppez-la d'un film alimentaire.
- Réservez dans le bac à légumes du réfrigérateur, au minimum 1 h dans le cas où vous souhaitez l'utiliser dans l'heure qui suit.
- Pensez à la sortir 30 min avant son façonnage.

Le façonnage

- Posez la pâte sur un plan de travail légèrement fariné.
- Aplatissez grossièrement la boule avec le rouleau à pâtisserie. Pliez-la en trois et étendez-la à nouveau. Tournez d'un quart de tour, aplatissez grossièrement à nouveau et répétez cette opération 2 ou 3 fois.

◗ Étendez-la à l'aide du rouleau. Trois millimètres me semblent parfaits ! N'oubliez pas de fariner légèrement le plan de travail. La pâte ne doit pas coller.

◗ Transférez la pâte dans le moule légèrement beurré et fariné. Pour cela, pliez-la en deux puis en quatre, déposez-la délicatement, ouvrez-la.

◗ Faites adhérer la pâte au fond, puis au bord du moule.

◗ Coupez le surplus en faisant rouler le rouleau à pâtisserie sur la bordure.

◗ Utilisez les chutes pour foncer des moules à tartelettes, congelez-les pour une prochaine fois.

Vous avez dit robot !

◗ Versez tous les ingrédients dans le bol sauf l'eau.

◗ Appuyez sur le bouton, comptez jusqu'à 10.

◗ Versez l'eau progressivement tout en continuant à pétrir.

◗ Regardez… La pâte se rassemble... C'est fait !

◗ Sortez la pâte du bol pour la pétrir légèrement avec la paume de la main. Au besoin, ajoutez un peu de farine.

◗ Enveloppez-la dans un film alimentaire et hop ! direction le frigo, 1 h au minimum.

Sauce au chocolat

Pour 4 ou 6 personnes

Le jour J

Préparation : 10 min

Cuisson : 3 ou 4 min

INGRÉDIENTS

100 g de chocolat noir (à 70 % de cacao)

1 sachet de sucre vanillé

2 cuil. à soupe de lait

10 cl de crème fraîche épaisse

Le jour J

- Cassez le chocolat noir dans une petite casserole. Ajoutez 2 cuil. à soupe de lait. Faites fondre le chocolat sur feu très doux ou au bain-marie.
- Versez le sachet de sucre vanillé sur le chocolat fondu. Remuez jusqu'à l'obtention d'une crème parfaitement lisse. Ajoutez la crème fraîche.
- Réservez au chaud dans un bain-marie.

En accompagnement de

- Un *Vacherin express* (p. 211) ou un *Vacherin en solo* (p. 213).
- Toutes glaces aimant le chocolat.
- Et les poires... J'allais oublier les poires ! Pelez-les. Faites-les cuire dans de l'eau bien sucrée 15 à 20 min, selon leur maturité, accompagnées d'une gousse de vanille fendue dans la longueur. Sur les poires refroidies, faites dégouliner le chocolat chaud. Apportez le détail qui fait la différence en éparpillant quelques amandes effilées légèrement grillées. Et si vous avez une glace à la vanille, laissez-vous aller.
- Cette sauce vous servira aussi à glacer un gâteau d'environ 6 ou 8 personnes. Pour cela, posez le gâteau sur une grille, recouvrez-le de sauce au chocolat à l'aide d'une spatule métallique.

Composez vous-même vos menus !

Composez vous-même vos menus !

Les recettes suivies de * sont des variantes

■ *Ces recettes peuvent être préparées en partie la veille et en partie le jour J*

Recettes	préparé le jour J	100 % préparé la veille	entrée froide	entrée chaude	plat	dessert	printemps	été	automne	hiver	tout cru	tout froid	tout chaud	duo	enfants	copains	buffet apéro dînatoire	dimanche soir	minceur	végétarien	de la mer	traditionnel	plat unique	chic
Entrées froides																								
Le flan du pêcheur		x	x				x	x				x			x	x	x	x			x			
Rillettes aux 2 saumons		x	x							x		x			x	x	x	x			x			
Cocktail de crabe, pamplemousse et avocat	x		x							x		x		x		x	x				x			
Cocktail de crevettes, pamplemousse et avocat*	x		x							x		x		x		x	x				x			
Filets de sardine au citron vert et au basilic		x	x					x			x	x		x		x	x				x			
Fines lamelles de saumon sauvage à l'aneth		x	x				x	x	x	x	x	x				x		x			x			
Terrine de Saint-Jacques au beurre blanc		x	x	x	x				x	x		x	x			x	x				x			x
Mini-brochettes de poulet tikka*	■		x	x			x	x	x	x		x	x	x	x	x	x	x	x					
Confit d'aubergine		x	x		x			x				x	x	x	x	x	x	x		x	x			
Ma tapenade		x	x				x	x	x	x	x	x		x		x	x			x	x			
Millefeuille de tomate-mozzarella	x		x				x	x				x		x	x	x		x	x	x	x			
Marinade de poivrons aux anchois		x	x					x				x		x	x	x	x	x			x			
Salade de carottes râpées et oranges à la fleur d'oranger	x		x							x	x	x		x	x	x			x	x	x			
Terrine de courgettes à la menthe fraîche		x	x				x	x				x			x	x	x	x	x	x	x			
Fonds d'artichaut au foie gras à la vinaigrette d'herbes	■			x	x		x	x						x										x
Ma ratatouille		x	x		x		x	x				x	x	x	x	x	x	x	x	x	x	x	x	
Tarte à la ratatouille*	■		x	x	x		x	x				x	x		x	x	x	x		x	x			
Petits légumes du soleil		x	x		x		x	x				x	x	x	x	x	x	x		x	x		x	

Tarte à la courgette et au comté
Tartelettes à la courgette et au comté*
Tarte à la courgette et au chèvre*
Tartelettes à la courgette et au chèvre*
Tarte aux poireaux et aux lardons
Entrées chaudes
Salade tiède de calmars sur lit de mâche
Les 10 petits calmars
Crevettes à la sauce tomate-gingembre
Terrine de Saint-Jacques au beurre blanc
Noix de Saint-Jacques poêlées
Mini-brochettes de poulet tikka*
Velouté de potiron
Velouté de lentilles
Velouté de cresson
Petits veloutés de cresson*
Petits gratins de courgettes au basilic et coulis de tomate*
Tarte à la ratatouille*
Tarte à la courgette et au comté
Tartelettes à la courgette et au comté*
Tarte à la courgette et au chèvre*
Tartelettes à la courgette et au chèvre*
Tarte aux poireaux et aux lardons
Fricassée de fèves tièdes au jambon de pays
La grande gougère
Les petites gougères
Petites gougères aux champignons*
Petites gougères à la tapenade*
Petites gougères aux poivrons et aux anchois*
Poissons et fruits de mer
Salade tiède de calmars sur lit de mâche
Les 10 petits calmars
Flan du pêcheur

Recettes	préparé le jour J	100 % préparé la veille	entrée froide	entrée chaude	plat	dessert	printemps	été	automne	hiver	tout cru	tout froid	tout chaud	duo	enfants	copains	buffet apéro dînatoire	dimanche soir	minceur	végétarien	de la mer	traditionnel	plat unique	chic
Poissons et fruits de mer (suite)																								
Rillettes aux 2 saumons		■	■							■		■			■	■	■	■			■			
Cocktail de crabe, pamplemousse et avocat	■		■							■		■		■		■	■				■			
Cocktail de crevettes, pamplemousse et avocat*	■		■							■		■		■		■	■				■			
Filets de sardine au citron vert et au basilic		■	■					■			■	■		■		■	■				■			
Fines lamelles de saumon sauvage à l'aneth		■	■				■	■	■	■	■	■				■		■			■			
Papillotes de saumon, fèves et petits lardons au beurre de ciboulette	■				■			■					■	■							■			■
Papillotes de saumon nature*	■				■		■	■	■	■			■	■		■			■		■			
Bar de ligne en croûte de sel	■				■		■	■	■	■			■						■		■			■
Bar de ligne en croûte de sel, à l'anis*	■				■		■	■	■	■			■						■		■			■
Dorade en croûte de sel*	■				■				■				■	■							■			■
Crevettes à la sauce tomate-gingembre	■			■	■		■	■	■	■			■	■		■			■		■			■
Daurade royale à l'ail et aux petits oignons nouveaux	■				■		■	■					■						■		■			■
Dorade rose à l'ail et aux petits oignons nouveaux*	■				■		■	■					■						■		■			■
Pavés de cabillaud au confit d'échalotes et miel d'acacia	■				■		■						■	■		■					■			
Terrine de Saint-Jacques au beurre blanc		■	■	■	■				■	■		■	■			■	■				■			■
Noix de Saint-Jacques poêlées	■			■	■				■	■			■	■					■		■	■		■
Filets de sole au curry et au haddock	■				■		■			■			■	■							■			■
Thon au poivron rouge, tomate et piment d'Espelette	■				■			■					■		■	■					■		■	
Thon froid au poivron rouge, tomate et piment d'Espelette*		■	■		■			■				■				■	■				■		■	
Médaillons de thon au foie gras	■				■			■					■	■							■			■
Viandes et volailles																								
Carré d'agneau aux herbes de l'été	■				■		■						■			■						■		■
Sauté d'agneau aux pruneaux et aux pommes	■	■			■		■	■	■	■			■			■							■	
Agneau au lait de coco et aux amandes		■			■		■	■	■	■			■			■							■	■

Le curry d'agneau d'Indira
Rôti de bœuf à la poêle
Magrets de canard au miel d'acacia
Canette de Barbarie aux pommes et au calvados
Jarret de porc Shantung
Mignons de porc aux 2 raisins
Le poulet de grand-mère
Poule sauce suprême
Brochettes de poulet tikka
Mini-brochettes de poulet tikka*
Piques de poulet tikka*
Brochettes de poulet tikka au garam massala*
Tendron de veau aux olives
Ma blanquette de veau
Ma blanquette d'agneau*
Sauté de veau aux 2 poivrons
Légumes
Confiture d'oignons aux raisins de Corinthe et à la gelée de groseille
Confit d'aubergine
Ma tapenade
Millefeuille de tomate-mozzarella
Marinade de poivrons aux anchois
Salade de carottes râpées et oranges à la fleur d'oranger
Terrine de courgettes à la menthe fraîche
Fonds d'artichaut au foie gras à la vinaigrette d'herbes
Velouté de potiron
Velouté de lentilles
Velouté de cresson
Petits veloutés de cresson*
Emincé de fenouil au coulis de tomate
Fondue d'endives caramélisées
Fondue de poireaux*
Mon gratin dauphinois
Gratin de courgettes au basilic

Recettes	préparé le jour J	100 % préparé la veille	entrée froide	entrée chaude	plat	dessert	printemps	été	automne	hiver	tout cru	tout froid	tout chaud	duo	enfants	copains	buffet apéro dînatoire	dimanche soir	minceur	végétarien	de la mer	traditionnel	plat unique	chic
Légumes (suite)																								
Petits gratins de courgettes au basilic et coulis de tomate*		■		■	■		■	■					■	■	■					■	■			
Ma ratatouille		■	■		■		■	■				■	■	■	■	■	■	■	■	■	■	■	■	
Tarte à la ratatouille*	■		■	■	■		■	■				■	■		■	■	■	■		■	■			
Brouillade d'œufs à la ratatouille et au jambon de pays*	■				■		■	■					■	■	■	■		■		■				
Petits légumes du soleil		■	■		■		■	■				■	■	■	■	■	■	■		■	■		■	
Gratin de petits légumes du soleil*		■			■		■	■					■		■	■		■		■	■		■	
Poêlée de tomates au thym		■			■		■	■					■	■	■	■		■	■	■	■			
Œufs au plat à la tomate et au thym*	■				■		■	■							■			■	■	■				
Brouillade d'œufs aux tomates et au thym*	■				■		■	■					■		■	■		■	■	■			■	
Paillasson de pommes de terres et oignons	■				■		■	■	■	■			■		■			■						
Potimarron d'Halloween	■				■				■	■			■		■	■		■		■			■	
Tarte à la courgette et au comté	■		■	■	■		■	■				■	■		■	■	■	■		■			■	
Tartelettes à la courgette et au comté*	■		■	■	■		■	■				■	■	■	■	■	■	■		■				
Tarte à la courgette et au chèvre*	■		■	■	■		■	■				■	■		■	■	■	■		■				
Tartelettes à la courgette et au chèvre*	■		■	■	■		■	■				■	■	■	■	■	■	■		■				
Tarte aux poireaux et aux lardons	■		■	■	■		■	■	■	■		■	■		■	■	■	■						
Fricassée de fèves tièdes au jambon de pays	■			■			■						■	■								■		
Fromages																								
Le « Cabrifort »		■							■							■	■							
Fourme d'Ambert affinée aux-côteaux-du-layon		■					■	■	■	■						■	■							
Coulommiers affiné à la truffe fraîche		■								■														■
Mont d'or affiné à la truffe fraîche		■								■														■
Fromage blanc, curry et ciboulette	■		■		■		■	■	■	■	■	■			■	■	■		■	■				
La grande gougère	■			■			■	■	■	■			■		■	■	■	■		■				

Les petites gougères
Petites gougères aux champignons*
Petites gougères à la tapenade*
Petites gougères aux poivrons et aux anchois*
Desserts
Coupe de fruits exotiques
Coupe de fruits printemps-été
Coupe de fruits automne-hiver
Fruits rouges du jardin des voisins
Fraises au gingembre confit
Salade d'oranges à la fleur d'oranger
Confit de pommes vanillées à la cannelle
Infusion de fruits secs au thé Earl Grey et à la cannelle
Pêches et abricots aux épices
Crumble « too much »
Crumble aux fruits rouges*
Petits crumbles aux poires*
Crème anglaise à la vanille
Crème anglaise au café*
Crème anglaise au chocolat*
Crème anglaise au caramel*
Crème anglaise à la pistache*
Petits pots de crème safranée au miel
Crème caramel
Le tiramisù des copains
Petites îles flottantes
Petits soufflés glacés au chocolat
Vacherin express
Vacherin en solo
Variations glacées
Le gâteau au chocolat de ma voisine préférée
Petits moelleux au chocolat*
Petits fondants tièdes au chocolat*
Le « trois en un » tout chocolat*

Recettes	préparé le jour J	100 % préparé la veille	entrée froide	entrée chaude	plat	dessert	printemps	été	automne	hiver	tout cru	tout froid	tout chaud	duo	enfants	copains	buffet apéro dînatoire	dimanche soir	minceur	végétarien	de la mer	traditionnel	plat unique	chic
Desserts (suite)																								
Tarte sablée tout chocolat	■					■	■	■	■	■		■			■	■	■	■		■		■		■
Tartelettes sablées tout chocolat*	■					■	■	■	■	■		■		■	■	■	■			■				■
Croustillants aux amandes		■				■	■	■	■	■		■		■	■	■	■			■				■
Croustillants aux pistaches*		■				■	■	■	■	■		■		■	■	■	■			■				■
Croustillants aux noisettes*		■				■	■	■	■	■		■		■	■	■	■			■				■
Meringues		■				■	■	■	■	■		■		■	■	■	■			■				
Meringues à la vanille*		■				■	■	■	■	■		■		■	■	■	■			■				
Meringues au chocolat*		■				■	■	■	■	■		■		■	■	■	■			■				
Meringues au café*		■				■	■	■	■	■		■		■	■	■	■			■				
Petits sablés à la vanille		■				■	■	■	■	■		■		■	■	■	■			■	■			■
Petits sablés au citron*		■				■	■	■	■	■		■		■	■	■	■			■	■			■
Petits sablés à l'orange confite*		■				■	■	■	■	■		■		■	■	■	■			■	■			■
Petits sablés au gingembre*		■				■	■	■	■	■		■		■	■	■	■			■	■			■
Petits sablés au gingembre confit*		■				■	■	■	■	■		■		■	■	■	■			■	■			■
Petits sablés à l'amande amère*		■				■	■	■	■	■		■		■	■	■	■			■	■			■
Petits sablés à l'anis*		■				■	■	■	■	■		■		■	■	■	■			■	■			■
Financiers		■				■	■	■	■	■		■		■	■	■	■			■				■
Gâteau aux marrons et au chocolat		■				■			■	■		■			■	■	■			■				
Bûche aux marrons et au chocolat*		■				■				■		■			■	■	■			■		■		
Gâteau à l'orange		■				■			■	■		■			■	■	■	■		■				
Gâteau aux dattes, amandes, noisettes et noix		■				■			■	■		■			■	■	■	■		■				
Quatre-quarts au zeste de citron		■				■	■	■	■	■		■			■	■	■	■		■		■		
Cake aux épices		■				■			■	■		■			■	■	■	■		■				
Cake à l'orange confite*		■				■			■	■		■			■	■	■	■		■				
Cake aux dattes et aux noix*		■				■			■	■		■			■	■	■	■		■				
Brioches en perdition						■			■	■			■	■	■	■		■		■		■		

Table des recettes

Les recettes suivies de * sont des variantes.

Amuse-bouche et réceptions 13

Entrées froides

Entrées chaudes

Poissons et fruits de mer 25

Viandes et volailles 63

Légumes 95

Fromages 145

Desserts 179

Recettes de base 243

Index alphabétique des recettes

Les recettes suivies de * sont des variantes.

Remerciements

La complicité gourmande de Christine Moreau-Ducatillon et Marie Quatrehomme m'a permis d'avancer dans cette aventure. Merci les filles !

Mes plus affectueuses pensées à Marie José Duprat pour sa présence de chaque instant.

Merci à Martine Thiennot pour ses rires et fous rires…
Merci à Christine Lenoël pour ses lectures… Et relectures.
Merci également à toutes celles et tous ceux qui, au fil du temps, ont apporté leurs grains de sucre.
Un merci tout particulier à Laure Paoli, directrice de cette édition, qui exerce le merveilleux métier de rendre des auteurs heureux.

Les mots de la fin, sont des mots de tendresse pour Morgane et Agathe, mes « fans » de la première heure. Merci mes rouleaux de printemps !

Conception graphique
Bleu T

Illustrations des fromages
Christiane Schaeffer

Photocomposition : I.G.S. – Charente Photogravure
16340 L'Isle-d'Espagnac

Impression : Pollina s.a., 85400 Luçon

N° d'édition : 21914
N° d'impression : L90740
Dépôt légal : septembre 2003
Imprimé en France